KB245341

꿈을 키우는 아이
vs.
공부만 잘하는 아이

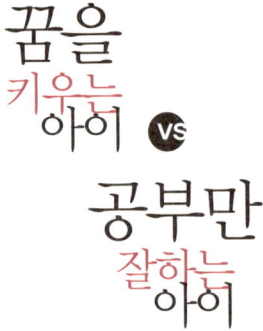

꿈을 키우는 아이 vs 공부만 잘하는 아이

초판 1쇄 인쇄 2013년 4월 29일
초판 1쇄 발행 2013년 5월 3일

지은이 김소영
펴낸이 김옥희
펴낸곳 아주좋은날
기획편집 이미숙, 박소연
디자인 안은정
마케팅 최현욱, 조유정

출판등록 2004년 8월 5일 제16-3393호
주소 서울시 강남구 역삼동 679-5 아주빌딩 501호
전화 (02) 557-2031
팩스 (02) 557-2032
홈페이지 www.appletreetales.com
블로그 http://blog.naver.com/appletales

ISBN 978-89-98482-04-6 13370

ⓒ 김소영, 2013

잘못 만들어진 책은 구입한 곳에서 바꿔드립니다.
값은 뒤표지에 표시되어 있습니다.

이 도서의 국립중앙도서관 출판시도서목록(CIP)은 e-CIP홈페이지(http://www.nl.go.kr/ecip)와
국가자료공동목록시스템(http://www.nl.go.kr/kolisnet)에서 이용하실 수 있습니다.
(CIP제어번호 : CIP2013003406)

아주 좋은 날 은 애플트리태일즈의 경제 실용 전문 브랜드입니다.

꿈을 키우는 아이 vs 공부만 잘하는 아이

김소영 지음

아주 좋은 날

엄마니까 불안하고,

엄마니까 조급하고,

엄마니까 못미덥고,

엄마니까 걱정되고,

엄마니까 안쓰럽다.

그리고 엄마니까, 독도 주고 때론 약도 준다.

부모교육을 마치고 나면 마음이 무거울 때가 한두 번이 아니다. 강의를 듣고 반성하게 됐다는 엄마, 자신은 제대로 된 부모가 아니라고 자책하는 엄마, 이제 부터라도 아이를 제대로 키우고 싶은데 어떻게 해야 할지 모르겠다는 엄마 등 마음이 더 무거워졌다는 엄마들이 많다 보니 내 마음도 덩달아 무거워지고 만다. 강의를 마치면서 그런 엄마들에게 마지막으로 꼭 덧붙이는 말이 있다.

"우리는 엄마니까 독도 주고 약도 주는 거예요."

여기서 말하는 '독'은 자식에게 엄하게 대하는 것을 말하고, '약'은 끌어안는 마음을 가리킨다. 둘 다 자식 잘 되기를 바라는 부모 마음이야 매한가지다. 아이를 키우다 보면 잔소리도 하게 되고, 잘못을 나무라다 보면 아이 마음에 상처를 입히기도 한다. 안타깝지만 부모 자식 간에는 피할 수 없는 일이다.

시대가 변하면 부모의 역할도 변해야 한다

좋은 부모가 되기 위해서는 확고한 원칙과 철학을 가져야 한다. 자신은 아이에게 나쁜 부모라고 자책만 하고 대책을 세우지 못하는 사람도 있는데, 작은 변화부터 실천해나간다면 좋은 부모가 되는 첫발을 떼었다고 해도 무방하다.

언제부턴가 우리는 '대입전략 입시설명회', '좋은 부모 되기', '우리 아이 바로알기', '자기주도형 아이로 키우기', '감정을 코칭하는 부모', '리더십을 만드는 부모' 등을 주제로 한 강의를 쫓아다니며 살고 있다. 그러나 좋은 부모가 되자고 다짐하며 이 강의 저 강의를 듣다 보면 그 후의 스트레스가 이만저만이 아니다. 강의를 들을 때는 고개를 끄덕이며 공감하다가도 현실로 돌아오면 금세 도로아미타불이 되고 만다. "공부가 아니면 무슨 대안이 있는데요?"라고 묻는 학원 선생님 말에 바로 마음이 흔들리기 때문이다. "공부 잘하는 아이보다 꿈을 키우는 열정적인 아이로 키우고 싶어요"라는 말을 하면 세상 물정을 모른다거나, 아이가 아직 어려서 그런 말을 한다는 핀잔을 듣기 일쑤다.

그 속도를 따라가지 못할 만큼 변화가 빠른 시대다 보니 학교교육 과정은 물론이고, 미래 사회가 요구하는 인재상도 예측하기가 힘들다. 그렇다고 겁을 먹는다거나 아무 대책 없이 아이들을 거친 변화의 소용돌이 속으로 몰아넣어서는 안 된다. 아이들의 미래 세계는 우리가 상상하기 어렵다. 직업 세계 또한 마찬가지다. 시대의 변화에 따라 새롭게 생겨나는 직업도 부지기수일 것이다. 그런 이유로 이 시대의 핵심 역량으로 문제해결능력과 적응력을 손꼽는 것이리라.

예측할 수도 없는데 무슨 도움을 줄 수 있느냐고 난감해하는 부모들도 있고, 진로를 고민하기에 너무 이른 것 아니냐며 시대에 뒤떨어지는 발언을 하는 부모들도 있다. 또 한편으로는 어떻게 하면 진로와 관련해서 아이에게 적절한 피드백을 줄 수 있느냐고 묻는 부모들도 있고, 많은 정보 속에서 제대로 된 정보를 얻기가 쉽지 않다고 하소연하는 부모들도 많다. 이 책은 그 모든 부모님들과 '진학이 먼저고 공부만이 살 길'이라는 잘못된 믿음을 가지고 있는 부모들에게 좋은 지침서가 되어줄 것이다.

아이 삶의 주인공은 부모가 아니다

교육현장에서 나는 초등학생부터 대학원생에 이르기까지 자신이 진정으로 원하는 일이 무엇인지 모르겠다고 하소연하는 수많은 학생들을 만나왔다. 부모들은 늘 '아이들을 어떻게 가르칠까?', '어떻게 먹일까?', '어떻게 키울까?' 하는 문제로 고민한다. 하지만 정작 삶의 주인공인 아이들은 그런 고민을 하지 않는다. 문제는 바로 거기에 있다. 자신의 미래에 대해 진지하게 고민하지 않고 부모가 정해놓은 길을 따라가기만 하는 아이들이 어떻게 삶의 주인공으로 제 역할을 할 수 있겠는가?

부모들은 누구나 아이에게 "저를 훌륭히 키워주셔서 감사합니다"라는 말을 듣고 싶어한다. 그런데 요즘 아이들을 보면 부모에게 불평과 원망 섞인 말을 너무 쉽게 쏟아낸다. 얼마 전에 한 대학생을 상담한 적이 있다. 그 학생은 자신이 지금 뚜렷한 목적의식 없이 살게 된 것은 다 부모님 탓이라고 말했다. 말끝마다 "엄마 때문에, 아빠 때문에……"라는 말을 반복하곤 했다.

그렇다면 부모들은 어떤가? 아이를 독립적인 인격체로 인정해주는 부모는 극히 드물다.

"네가 누구 때문에 이렇게 비싼 학원을 다니는데 그런 말을 해?"

"너만 아니었으면 엄마가 지금 이렇게 살고 있지 않아."

이와 같은 공치사 반, 푸념 반의 넋두리로 아이의 마음에 상처를 입히는 부모가 적지 않다. 언제까지 아이를 상대로 이런 대화를 할 생각인가?

빨리 앞서간다고 이기는 것은 아니다

사회인지이론에 따르면 흥미가 생기고 진로 선택을 하고 자신의 수행 수준을 결정하는 데 자기효능감과 결과에 대한 기대가 매우 중요하다. '자기효능감'은 목표를 달성하기 위해 필요한 행동을 계획하고 자신이 그 목표를 충분히 수행할 수 있다는 자신감을 가리키는데, 과거의 성취 경험이나 주변 사람들의 칭찬으로 얻어진다. '결과에 대한 기대'는 어떤 일을 수행했을 때 얻게 될 것들에 대한 기대를 말하는데, 성별의 차이나 사회적인 배경이 크게 작용한다. 결과적으로 어떤 일에 흥미를 느끼고 자신의 수행능력을 신뢰하는 아이로 키우려면 부모의 구체적인 칭찬과 지지가 중요하다. 또한, 변화하는 세상에서는 성별에 대한 선입견이나 특정 직업에 대한 개인적인 편견을 버리고 열린 마음을 가져야 한다. 그러기 위해서는 변화하는 교육과정이나 미래학자들의 메시지 등 주변 환경에 관심을 가지고 공부해야 한다.

이 책을 통해 부모님들이 "너는 늘 1등을 해야 한다"는 가르침보다 여럿이 함께 걸어가라는 지침을 주는 부모가 되었으면 한다. 특히나 요즘은 경쟁보다는 다 함께 잘 살자는 사회적 분위기가 대세를 이루고 있다. 나는 우리 아이들이 어떻게 꿈을 키우고, 그 꿈을 실현하기 위해 어떤 과정들을 거치면서 능력을 키워가는지를 보여주려 한다. 이 책을 다 읽고 나면 당신도 아이 스스로 미래의 꿈을 결정하고 그것을 실현하기 위해 열심히 공부하는 아이로 키울 수 있다는 자신감을 갖게 될 것이라 확신한다.

1장 꿈꾸지 않는 아이들, 왜 그럴까?

2장 꿈을 꾸는 아이 &
꿈을 키워주는 부모

3장 꿈을 키우는 습관이
공부습관보다 중요하다

모든 것은 꿈에서 시작된다.
꿈 없이 가능한 일은 없다.

· 앙드레 말로Andre Georges Malraux ·

꿈꾸지 않는 아이들, 왜 그럴까?

공부할 시간만큼
꿈꿀 시간도 필요하다

초등학교 4학년이 되도록 재원이는 주말에 축구교실에 나가는 것 말고는 다니는 학원이 없었다. 같은 아파트 단지의 엄마들이 그렇게 여유 부릴 때가 아니라는 둥, 아무리 그래도 영어학원은 보내야 한다는 둥 말들이 많았지만 재원이 엄마는 휘둘리지 않고 꿋꿋했다. 재원이 역시 불만이 없었다. 친구들이 모두 학원에 가서 함께 놀 친구가 없을 때 가끔 투정을 부릴 뿐이었다. 그럴 때 눈치 빠른 엄마는 재원이에게 이렇게 말했다.

"엄마랑 뒷산에 갈래? 지난번에 돌무더기 속에 숨겨둔 도토리가 그대로 있는지 확인하러 가지 않을래? 그런데 위치를 정확하게 기억할 수 있을까 모르겠네.”

엄마의 말에 재원이 얼굴은 금세 밝아졌다.

“내가 정확하게 기억하고 있어요. 크고 까만 돌을 찾으면 돼요. 바로 그 밑에 숨겼거든요.”

“커서 되고 싶은 게 없어요”

올해 아이가 5학년이 되면서 재원이 엄마는 흐뭇하게 웃는 일이 많아졌다. 학원도 다니지 않는 재원이의 성적이 작년에 비해 크게 올랐기 때문이다. 어릴 때부터 책을 좋아한 재원이를 위해 엄마는 아이에게 어떤 책을 읽히면 좋은지를 늘 고민했다. 어려서부터 자연관찰 책을 좋아했던 재원이는 자라면서 과학에 관심이 많아졌다. 엄마는 아이의 학년이 올라갈 때마다 내용과 삽화가 좀 더 자세한 책을 사주기 위해 여러 종류의 책들을 비교하기도 했고, 언젠가는 작은 현미경을 사주어서 책에서 본 내용을 직접 실험해볼 수 있도록 동기를 만들어주었다. 아이는 그때부터 입안의 상피세포며 양파 껍질을 들여다보면서 과학자가 되고 싶다는 꿈을 키우고 있다.

진로수업에 들어가면 아이들에게 늘상 하는 질문이 하나 있다.

“여러분의 꿈은 뭔가요? 지금부터 각자의 꿈 목록을 적어보는 시간을 가져볼 거예요.”

말이 채 끝나기도 전에 아이들의 표정은 걱정 반 부담 반으로 변한다. 그냥 멍하니 앉아 있는 아이, 꿈이 없어서 적을 게 없다는 아이, 영 못마땅하다는 표정을 지으면서 발표를 시킬 거냐고 묻는 아이 등 진로수업에서는 흔히 볼 수 있는 모습들이다.

평소에 꿈에 대해 생각해본 적이 없는 아이들은 '꿈 찾기' 시간 자체가 부담스럽다. 꿈이라고 하면 많은 아이들이 거창하고 막연한 것을 떠올린다. 잘하는 것이 있는데도 커서 하고 싶은 일에 대해 생각해본 적이 없다고 말하는 아이들도 많다.

요즘은 아이들에게 꿈을 물어보는 부모가 드물다. 아이가 꿈에 대해 이야기하면 그 꿈은 네 성적으로는 어림도 없다거나 돈도 못 버는 그런 일을 왜 하고 싶은 거냐고 받아쳐서 주눅 들게 하는 부모도 있다. 또 어떤 부모는 아이의 생각은 묻지도 않고 "넌 의사가 되어야 해", "너는 변호사가 돼야 한다"라고 일방적으로 강요하기도 한다.

그런 부모들이 간과하고 있는 점이 있는데, 세대가 바뀌면 사회적으로 촉망받는 직업도 달라진다는 점이다. 다시 말하면 부모 세대에서는 최고로 인정받는 직업이 아이들 세대에는 그저 그런 직업이 될 수 있다는 말이다. 의사나 변호사가 아이들이 어른이 되었을 때도 최고의 직업일지는 사실 아무도 모른다.

요즘 아이들은 과거 부모 세대와 다르다. 부모 세대처럼 생계유지나 명예, 출세를 기준으로 장래희망을 선택하지 않는다. 그보다는 자신의 적성과 흥미 위주로 선택한다. 따라서 자신이 진정으로 원하고, 잘할 수 있는 일을 파악할 필요성이 더 높아졌다.

또한, 직업에 대한 귀천의식이 크게 없어졌다. 직업을 신분의 척도나 사회적 지위로 바라보지 않을 뿐더러 취미생활을 직업으로 만들고 싶다는 아이들도 많다. 우리는 자고 일어나면 새로운 직업이 쏟아지는 시대를 살고 있다. 그런데 "고3까지 죽어라 공부하면 좋은 대학에 갈 수 있고, 진로는 대학 가서 정해도 늦지 않다"라고 말하는 시대에 뒤처지는 부모들이 많다. 진학이 먼저고 진로는 그 뒤라는 논리다. 21세기를 이끌어야 할 아이들을 20세기의 사고방식으로 키우고 있는 부모들이 안타까울 뿐이다.

꿈은 주어지는 것이 아니라 스스로 찾는 것이다

그렇다면 꿈꾸고 싶어하는 아이들에게 꿈을 찾을 수 있는 시간만 주면 모든 것이 해결될까? 그렇지 않다. 이 시대의 인재상은 과거와 아주 많이 달라졌다. 지금은 창의적인 인재의 발상 하나가 세상을 변화시키는 시대이다. 따라서 진로를 고민하는 아이들에게 새롭게 지도해야 할 부분이 많아졌다. 그중에서 부모의 역할이라면 내 아이의 강점이 무엇인지를 발견하고, 그 강점을 하고 싶은 일과 연결해나가도록 도와주며, 아이에게 꿈에 대한 간절함을 심어주는 것이라 하겠다.

세상의 모든 아이들은 학교 성적으로는 판가름할 수 없는 특별한 지능을 가지고 있다. 때문에 아이가 무엇에 흥미를 가지는지, 무엇을 잘하는지를 늘 세심하게 살펴야 한다. 그러려면 되도록 많은 경험을 시켜주어야 하는데, 그렇다고 경험의 가짓수를 늘리라는 말은 아니다. 경험하는 과정에서 아이가 자신의 역할을 해내기 위해 노력하는 것을 칭찬하고, 경험한 것을 함께 나누는 데 초점을 두면 된다.

예를 들어 박물관 견학을 갔다고 하자. 엄마들은 대부분 무엇을 보았는지, 얼마나 많이 보았는지에 관심을 둔다. 그런 것 대신에 새롭게 알게 된 것이 있는지를 묻는 건 어떨까? 이때 아이가 자신이 보고, 듣고, 느낀 것을 말로 잘 표현한다면 아이의 말하는 능력을 칭찬해줄 수도 있다. 나아가 역사를 공부하는 사학자들에 대해 이야기하는 기회를 가질 수도 있다.

뭐가 됐든 어렸을 때부터 많이 배울수록 좋다고 생각하는 사람들이 많다. 그런데 조기교육의 중요성은 아이가 단순히 시기적으로 빨리 배우는 데 있지 않다. 이후의 경험들과 연결되어 그만큼 확장된 사고를 하고 배경지식이 되는 데 그 의의가 있다.

앞서 얘기했던 재원이의 경우를 보면 알겠지만, 과학책을 좋아하는 아이에게 과학을 가까이하게 만드는 환경과 경험은 자신이 과학을 좋아한다는 사실을 발견하게 만든다. 또, 책에서 얻은 지식을 실생활에서 활용하는 모습을 보면 주위 사람들로부터 "넌 과학에 재능이 있는 아이구나"라는 말을 자주 듣게 되는데, 그 속에서 아이는 자연스럽게 자기효능감을 키우게 된다.

아이의 꿈은 하늘의 별처럼 멀리 떨어져 있는 것이 아니라 아주 가까이에 있다. 이미 아이가 경험했거나, 또 경험하지 않았더라도 자신이 닮고 싶은 사람을 통해 얼마든지 발견하고 키울 수 있는 것이 꿈이다. 하지만 경험이 부족하거나 구체적인 정보와 지식이 없는 아이들은 꿈이 바로 옆에 있어도 발견하지 못하고 그냥 지나칠 가능성이 크다. 아이에게는 꿈을 찾고 설계할 시간이 반드시 필요하다.

대한민국 청소년들의 행복지수는 OECD 국가 중 최하위인 것으로 나타났다. 게다가 통계청의 '2011년 사망원인 통계'에 따르면 10대와 20대의 사망원인 1위가 자살이다. 사실을 인정하고 싶지 않지만 우리의 엄연한 현주소다. 청소년들이 자살 충동을 느끼는 이유는 성적과 진학 문제가 가장 크다. 이 같은 상황에서 우리 부모들은 공교육이 부실해서 사교육이 느는 것 아니냐고 볼멘소리를 하기 전에 가정에서부터 입시 위주의 자녀교육에서 벗어나기 위해 노력해야 한다. 아이의 성적표에만 매달리지 말고 아이의 숨은 재능과 꿈을 들여다보자. 말 그대로 그냥 보는 것이 아니라 자세히 들여다봐야 한다. 아이가 무엇을 할 때 눈을 반짝이는지, 무엇에 관한 질문을 많이 하는지를 놓치지 말아야 한다. 또한, 꿈을 가지려면 당연히 필요한 자신감도 키워줘야 한다. 평소 자신에 대해 '내가 어떻게 이런 일을 할 수 있겠어', '나는 안 돼', '나는 못해'라고 생각하며 자신감이 없는 아이는 꿈을 꾸기도 힘들다.

학교생활과 각종 체험활동을 통해 여러 가지 역할을 수행하면서 자아를 탐색하려면 아이가 그 일들을 할 수 있는 충분한 시간과 기회가 필요하다. 스스로 가고 싶은 길을 찾아내고 자신이 가장 행복한 시간을 발견하는 과정을 통해 자기 자신을 알아가는 것이야말로 진로교육의 첫걸음이라 할 수 있다.

큰 꿈을 꾸는 것은
아이들의 특권이다

"나는 커서 대통령이 될 거예요."

"나는 스티브 잡스 같은 사람이 되고 싶어요."

"제 꿈은 미스코리아예요."

"저는 아이돌 가수가 될래요."

초등학생의 이런 꿈을 듣고 철이 없다고 나무라거나 가당치도 않다고 코웃음을 치는 어른은 없을 것이다. 그런데 똑같은 대답이라도 중학생이 되면 어른들의 반응이 달라진다.

"나이가 몇 살인데 아직도 그런 꿈을 꾸고 있니?"

"스티브 잡스는 원래 천재야. 설마 네가 천재라고 생각하는 건 아니지?"

"미스코리아는 아무나 되는 줄 아니?"

"헛바람만 잔뜩 들어서 큰일이구나. 아이돌은 쉬운 줄 아니?"

단순히 "꿈 깨라"는 말은 애교 수준이다. 듣다 보면 평소 애정이 있었다고 믿어지지 않을 정도의 야유와 비난으로 이어지는 경우가 적지 않다.

아이의 꿈은 환상 속에서 자란다

타고난 적성이나 성적의 높낮이와 상관없이 무엇이든 꿈꿔볼 수 있는 유일한 시기가 초등학생 시기이다. 그런데 그것도 요즘엔 옛날 말이다. 요즘 초등학생들에게 꿈을 물으면 거창한 꿈을 말하는 아이들이 거의 없다. 깜짝 놀랄 만큼 현실적이고 구체적이어서 "요즘 애들은 다르네"라는 말이 절로 나온다.

초등학교 진로수업 시간에 아이들에게 뭐가 되고 싶으냐고 물으면 남자아이들 중 절반 이상은 '의사'라고 대답한다. 더 구체적으로 "치과 의사요!" 혹은 "성형외과 의사요!"라고 콕 집어 말하는 아이들도 많다. 여자아이들도 상황은 비슷하다. 절반 이상은 '선생님'이라고 대답하는데, 그중에서도 '초등학교 선생님'이 되고 싶다고 구체적으로 대답하는 경우가 절반 이상이다.

아이들의 꿈은 환상으로부터 시작되어야 한다. 환상 속의 자기 모습을 떠올리면서 미소 짓고, 꼭 그렇게 되고 싶다는 바람이 있어야 한다. 아이의 마음속에 환

24

상의 불씨가 만들어지면 그 불씨를 불꽃으로 피워올리기 전에 사람들은 왜 일을 하는지, 일은 왜 중요한지에 대해 알려줘야 한다. 또한, 세상에 얼마나 많은 직업이 있는지를 알려줄 필요도 있다. 이 시기를 '진로 환상기'라고 한다.

진로 환상기에는 어떤 것이 불씨가 될지 알 수 없다. 이 시기에는 부모님이나 주변의 어른들에게서 구체적인 정보를 제공받는 것보다 주변 사람들이 어떤 직업을 가지고 있고, 왜 직업을 필요로 하는지 등 직업에 대한 기본적인 것들을 배우고 알아가는 것이 좋다. 이때 주변 사람들의 직업을 탐색해보는 것은 아주 의미 있는 활동이 될 수 있다. 여기서 주의할 점은 부모가 아이의 경험을 제한시키지 않도록 유연하고 열린 태도를 취해야 한다는 것이다.

'벌써부터 컴퓨터를 가르치면 게임만 할 게 분명해. 로봇교실을 보내야지.'

이런 식으로 부모 잣대로 아이의 경험을 선택하는 것은 옳지 않다. 아이가 흥미를 가지는 활동을 살펴보고, 왜 그것이 좋은지에 대해 이야기를 나눠보자. 어쩌면 그것이 아이가 진로를 찾아가는 출발점이 될 수 있다.

김연아, 박지성 선수처럼 되겠다는 아이, 무조건 지지해줘라

꿈을 물었을 때 직업을 구체적으로 대답하는 초등학생들은 아이 자신의 꿈이기보다 부모가 정해준 꿈일 가능성이 높다.

"저는 커서 치과 의사가 될 거예요."

"저는 초등학교 선생님이 될래요."

어떻게 그 꿈을 갖게 되었느냐고 물으면 아이들은 이렇게 말한다.

"엄마가 치과 의사 되라는데요."

"엄마가 여자 직업은 초등학교 선생님이 제일 좋대요!"

부모들 대부분이 우리 아이가 크면 이런 직업을 가졌으면 좋겠다는 마음을 품는다. 당연지사 사회적으로 성공했거나 평생 직장으로 인정받는 안정적인 직업들이다. 예를 들어, 의사가 되길 바라는 것은 의사는 돈도 많이 벌고 사회적 지위와 명예가 있다고 생각하기 때문이다. 자신은 그렇게 살지 못하지만 자식만큼은 경제적으로도 넉넉하고 사회적으로도 인정받기를 바라는 것은 부모들의 한결같은 마음이다.

그런데 아직 어린 초등학교 시기에 꿈을 결정할 때는 자신이 가장 중요하게 생각하는 가치까지 고려하지 못한다. 그래서 초등학교 시기를 '진로 환상기'라고 부르는 것이다. 진로 환상기에 있는 여자아이들은 김연아 선수가 멋지게 피겨스케이트를 타고 메달을 따는 모습을 보면서 자신도 피겨여왕이 되겠다는 꿈을 꾸고, 남자아이들은 박지성 선수가 골을 넣고 멋지게 세리머니를 하는 모습을 보면서 너 나 할 것 없이 축구선수가 되겠다고 말한다. 진로 환상기에 부모는 아이의 꿈에 관심을 가져주고 응원을 보내주는 든든한 지원군이 되어야 한다.

"네 꿈이 이루어진다면 정말 멋지겠구나!", "네가 멋진 세리머니를 하는 모습을 상상하니 기분이 좋구나!"와 같이 성취한 모습에 대한 기대를 전달해보자.

아이는 응원과 지지 속에서 '나는 할 수 있다'는 자신감을 갖게 되고, 생생하게 떠올리면서 꿈꾸는 것의 행복을 깨닫게 될 것이다.

 # 스스로 해보지 않은 아이는
커서도 못한다

혜인이는 초등학교 4학년이다. 아이가 집에 들어서자 엄마는 가방을 건네받고 "잘 갔다 왔니? 어서 손 씻고 간식 먹어"라고 말하며, 책가방을 열고 알림장의 내용을 확인한다.

"내일 준비물이 지점토네? 학원에서 오는 길에 문구점에 들러야겠네. ……오늘 줄넘기는 몇 개나 했니? 반에서 누가 제일 많이 했어?"

그리고 시계를 보고는 화들짝 놀라면서 말한다.

"영어학원 늦겠다. 간식 다 먹었으면 가방 챙겨서 나와. 엄마는 먼저 나가서

차 시동 걸고 있을게. 참, 오늘 단어시험 있는 거 알지? 어제 적어놓은 암기카드도 챙겨서 나와."

혜인이가 간식을 입에 문 채로 뛰어나와 차에 탄다.

"여기 거울 보고 화장지로 입 닦아. 단어는 다 외웠니? 오늘 시험 통과 못하면 알지?"

혜인이를 영어학원 앞에 내려준 엄마는 문구점에 들러 지점토를 산다. 그리고 서점에 가서 4학년 필독도서를 몇 권 구입하고 수업이 끝날 시간에 맞춰 학원 앞에 가서 기다리다가 혜인이를 태우고 집으로 돌아온다. 집에 들어서자마자 엄마는 노트를 꺼내 영어학원 숙제가 뭔지를 확인하고 빨리 숙제부터 하라며 혜인이를 방으로 들여보낸다. 저녁식사를 준비하면서도 아이 방을 들락거리며 숙제하는 것을 체크한다. 숙제를 다 끝내자, 서점에서 사온 필독도서를 책상에 올려놓으면서 말한다.

"오늘 자기 전까지 다 읽어야 한다."

우리 주변에서 흔히 볼 수 있는 초등학생의 일상이다. 혹시 당신과 당신 아이의 모습과 많이 닮아있지는 않은가? 만약 당신이 하나하나 챙겨주지 않고 아이 스스로 알아서 하게 한다면 아이가 할 수 있는 일은 무엇이고, 할 수 없는 일은 무엇인지 생각해보자.

"넌 엄마가 시키는 대로 하면 돼!"

부모가 아이 대신 공부를 해줄 수 없다는 것은 잘 안다. 그런데 공부를 제외한 나머지 것들은 모두 부모 몫이라고 생각하는 사람들이 적지 않다. 아이가 스스로 알아서 하게 해야 하지 않겠느냐고 말할 때마다 엄마들은 세상 물정 모르는 소리라며 혀를 찬다.

"학년이 올라가면서 교과서가 얼마나 어려워지는지 아세요? 공부하기도 힘든데 웬만한 것은 엄마가 해주는 게 맞다고 생각해요."

이런 엄마들 속에서 직장생활을 하는 엄마나 아이에게 자율권을 많이 주는 엄마들은 동네 엄마들의 입방아에 오르내리기 십상이다. 자신들과 다른 엄마들의 교육철학은 '다른' 것이 아니라 '틀린' 것으로 판정한다. 그들이 생각하는 부모의 역할은 아이 곁에 붙어서 일거수일투족을 지켜보고 통제하는 것이다.

이와 같은 자녀 양육태도가 별 문제가 없으면 다행이지만 유감스럽게도 부모의 통제를 많이 받는 아이일수록 더 많은 문제가 생긴다는 보고가 수없이 많다. 초등학교 때부터 아이 옆에 달라붙어서 관리하고 통제했던 부모들은 아이가 중학교나 고등학교에 올라가면 그 정도가 커지면 커졌지 줄어들지 않는다. 아이가 자랄수록 못 미더워하는 부분이 더 늘어가고 아이의 행동을 직접 지켜보거나 확인할 수 없는 시간에는 안절부절하고 불안해한다. 그래서 "지금은 엄마가 시키는 대로만 해. 그러면 나중에 네가 하고 싶은 일은 얼마든지 할 수 있어"라고 강요하고, 세뇌시킨다.

부모의 지나친 통제 속에서 자라는 아이들의 문제

그렇다면 아이들은 자기 옆에서 한시도 떨어지지 않고 이래라 저래라 관여하는 부모를 어떻게 생각할까? 이런 부모의 아이들을 크게 세 부류로 나눌 수 있다.

금상첨화 유형

금상첨화라는 말 그대로 불만 없이 부모가 이끄는 대로 잘 따라주는 데다가 학교 성적까지 좋아서 부모의 자랑거리가 되는 유형이다. 이런 아이의 엄마는 주변에서 "역시 OO 엄마야"라는 말을 자주 듣는다. 아이는 주변에서 부러움과 칭찬을 한 몸에 받고 부모한테 늘 칭찬을 받기 때문에 자기 삶의 방식이 옳다는 자부심을 가진다. 후에 부모가 되었을 때 자식에게도 자신과 똑같은 삶을 요구하는 경우가 많다. 이성적인 자아기능을 발휘하지 못하는 단점을 성인이 되고 난 후에야 자각하는 경우가 많다.

설상가상 유형

부모에게 늘 불평과 불만을 토로하는 유형이다. 주로 하는 말은 "왜요?", "이걸 왜 해야 하는데요?", "짜증나" 등 온통 부정적인 말들이다.

부모는 자기 마음이 흡족할 때까지 자식을 압박하고, 아이는 그런 부모가 불만이다. 아이는 소극적으로 반항하거나 볼멘소리로 불만을 표현할 때도 있지만 결국에는 부모가 하라는 대로 하는 경우가 많다. 부모의 강요에 못 이겨 공부하는 탓에 성적은 잘 오르지 않고 제자리걸음이거나 오히려 조금씩 떨어진다. 기대에 못 미치는 성적을 받아올 때마다 부모는 "왜 늘 성적이 이 모양이니?", "너는 정말 어쩔 수 없나 보다"라는 말을 입버릇처럼 하고, 그런 말을 듣고 자란 아이는 자신에 대해 부정적인 인식을 쌓아간다. 아이는 '나는 해도 안 된다'는 생각에 사로잡혀 자신감을 잃는다. 또한, 어른들에 대해 부정적인 감정을 품고 있어 부모님이나 선생님의 충고나 조언을 들으려 하지 않는다. 후에 부모가 되었을 때 '나는 부모님 같은 부모는 되지 않겠다'는 생각에 자녀를 방임하는 경우가 많다. 이 유형에 속하는 대부분의 아이들이 학습된 무기력 증상을 보인다.

눈 가리고 아웅 유형

부모가 좋아하고 싫어하는 것에 대해 아주 잘 알고 있는, 소위 '여우형' 아이들이다. 지능적이고 처세술이 뛰어나 부모가 하는 말에는 무조건 "네!"라고 대답하고, 설령 불만이 있어도 싫은 내색을 하지 않는다. 시험 성적이 좋지 않으면 갖가지 핑계를 대며 부모를 설득하고 구슬린다. 반대로 시험 결과가 좋으면 자신이 원하는 것을 보상으로 요구하면서 조건부 타협에 들어간다. "시험 잘 봤으니까 게임기 사주세요"라든지, "백점 맞았으니까 오늘은 하루 종일 게임해도 되죠?"라는 식으로 부모가 원하는 것을 해줬으니 나도 이 정도 보상은 받는 게 마땅하다고 주장한다. 이런 아이는 다른 사람들과의 관계에서도 득과 실을 따질 때가 많고, 자기가 하려고만 들면 뭐든 다할 수 있다는 자만심에 빠질 우려가 크다. 후에 부모가 되었을 때 일관성 없이 자녀를 양육하기 쉬운데, 자녀에게 목표를 갖게 할 때에도 "이번 시험에서 3등 안에 들면 엄마가 게임기 사줄게"라는 식으로 자신이 어릴 때 했던 행동을 그대로 답습하는 경우가 많다. 이 역시 부모나 아이 모두 이성적인 성인으로서의 자아기능을 현실에서 사용하지 못하고 아이(child)와 같이 조건적인 거래를 관계에 사용한다.

초중고 학생들의 학업 성적과 생활과의 관계를 분석한 한국교육과정평가원의 발표에 따르면 부모와 자녀가 대화를 많이 나눌수록 성적이 높았고, 과외를 하면 어느 정도까지는 성적이 오르지만 너무 오랜 기간 하면 성적이 오히려 떨어졌으며, 공부를 잘하는 것보다 올바른 성품을 갖기를 바라는 부모의 자녀가 성적이 높았고, 숙제를 혼자 하는 학생이 성적이 높았으며, 부모의 학력이 높거나 집에 책이 많을수록 성적이 높았다.

만약 당신이 아이와 나누는 대화가 숙제를 다 했는지 체크하는 수준이라거나, 단어시험에 통과하지 못하면 토요일과 일요일 내내 영어단어를 외우게 하겠다고 겁을 주는 수준이라면 위의 조사결과를 생각해볼 필요가 있다. 아이는 나와 어떤 대화를 나누고 싶을까를 중심에 놓고 고민한다면 좀 더 행복하고 즐거운 대화시간을 만들 수 있을 것이다.

아이가 공부로 얻을 수 있는 것은 부모들이 생각하는 것만큼 대단하지 않다. 아이가 공부에 들이는 시간과 노력에 비하면 아주 소소하다고 이야기할 정도다. 부모가 해줄 수 있는 것 역시 아이 인생에서 극히 일부분에 지나지 않는다. 따라서 아이의 인생 전체를 놓고 생각한다면, 비록 완벽하게 해내지 못하거나 많은 시행착오를 거치더라도 아이 스스로 생각하고 판단해서 도전할 수 있는 기회를 주는 게 현명하다.

아이의 생각을 이해하려면
많이 들어줘라

아이가 학교에서 설문지를 하나 받아왔다. 내일까지 가져가야 한다면서 열심히 쓰고 있어서 뭔가 들여다봤더니 아이가 느끼고 있는 아빠와 엄마에 관한 내용이었다. 궁금증이 일어 보여줄 수 있느냐고 물었더니, 흔쾌히 그러라고 대답했다.

설문지에서 가장 먼저 눈에 띈 것은 '우리 엄마는 고지식하다'는 내용이었다. 스스로 고지식하다고 생각한 적이 없었던 나는 그 말의 뜻이 뭘까 계속 신경이 쓰였고, 그럴 수 있겠다 싶으면서도 서운한 마음이 들었다. 왜냐하면 아이에게 시대에 뒤떨어지지 않는 엄마가 되기 위해 열심히 노력했고, 아이의 친구들 사이에서도 언니 같은 엄마로 소문이 나 있었기에 나로서는 정말 의아했다. 궁금함을 참을 수 없어 아이에게 넌지시 물어보았다.

"윤지는 엄마가 고지식하다고 생각하는구나!"

"엄마가 좀 그런 면이 있지."

"어떤 면에서 그런데?"

"음…… 문자메시지 맞춤법 지적할 때."

'아! 그랬구나…….'

평소에 엄마 말이나 의견을 잘 따르는 편이어서 아이가 그렇게 생각하고 있을 줄은 짐작도 하지 못했다.

아이의 고민, 어른의 시각으로 판단하지 마라

"내 속으로 낳은 자식인데 나보다 우리 애를 더 잘 아는 사람은 없어요"라고 말하는 부모들이 의외로 많다. 그런데 그것은 아주 큰 착각이다. 만약 그 말이 사실이라면 "우리 엄마 아빠는 나를 몰라요"라고 불평하는 아이들이 없어야 할 것이다.

"엄마 아빠는 날마다 공부만 하라고 해요. 내가 뭘 좋아하는지도 모르고, 커서 뭐가 되고 싶은지도 궁금해하지 않아요."

부모와 자식 간의 거리는 대부분 부모가 아이를 있는 그대로 받아들이지 않는 데서 생기기 시작한다. 아이에게 있어 최대의 관심사는 또래 친구들과의 관계이다. 따라서 아이의 가장 큰 고민은 친구들 관계에서 빚어지는 문제가 전부다시피 한다. 어른의 시각에서는 "참 고민할 것도 없다. 쓸데없는 생각 말고 들어가서 공부나 해"라고 말할 수 있지만 아이들은 제 나이에 맞는 근심과 걱정을 하는 것이다. 아이들의 고민과 문제를 어른의 사고방식과 잣대로 판단해서는 안 된다. 많은 생각과 고민 속에서 답을 찾아가야 할 아이들을 정해진 시간표대로 움직이면서 공부만 하라고 닦달해서는 안 된다는 말이다.

부모가 자녀의 생각과 진짜 모습을 알지 못하는 이유는 소통이 부족한 데 있다. 아이의 생각을 진정으로 이해하고 싶다면 아이의 이야기를 많이 들어주는 방법밖에 없다. 더구나 아이가 하고 싶은 일이 있다면 부모의 도움이 반드시 필요하다. 아이가 아이돌 가수를 꿈꾸고 있다면 "왜 아이돌 가수가 되고 싶은데?"라고 묻는 것보다 "아이돌 가수가 좋아 보이는구나"라고 수용해주는 게 먼저다. 그런 부모에게 아이는 마음을 연다. 자신이 인정받고 있다는 생각이 들기 때문이다. 더 나아가 "어떤 가수를 보고 아이돌 가수를 꿈꾸게 되었니?"라고 진심 어린 관심을 보이면 아이는 신이 난다. 분명 아이에게는 아이돌 가수를 꿈꾸게 한 롤모델이 있을 것이다. 아이의 말을 충분히 들어주고 난 후에 현실적인 이야기를 나누면 아이는 자연스럽게 마음의 문을 연다. "그 사람은 가수가 되기 위해 어떤 노력을 했을까?"와 같이 아이의 꿈에 힘을 실어주는 이야기와 객관적인 정보에 대해 이야기를 나누자. 아이들은 자신의 꿈을 인정하고 지지하고 공감해주는 부모에게 솔직해진다. 과정은 들여다보지도 않고 결과만 평가하면서 무조건 잘해야 한다고 강요하는 것은 "그렇게 하지 않으면 너는 나쁜 아이야!"

라고 말하는 것과 다를 바 없다.

좋은 대학에 보내는 것이 부모의 역할은 아니다

부모의 역할도 시대에 따라 달라져야 한다. 우리는 부모의 역할을 자신도 모르게 부모님 세대의 방식을 고수하고 있는 경우가 많다. 지금 나는 아이에게 어떤 부모인지 진지하게 고민해보는 시간을 가져보자.

이 시대에 가장 좋은 부모는 아이를 제대로 파악하는 부모라 할 수 있다. 제대로 파악한다는 것은 있는 그대로를 받아들인다는 말이다. 아이의 성향이나 기질을 제대로 파악하지 않으면 아이들을 제대로 양육할 수 없고, 진로문제에서도 도움을 줄 수 없다.

좋은 성적을 받아서 좋은 대학에 가는 것을 목표로 삼는다면 아이가 원하는 일을 할 수 있도록 기회를 주기가 쉽지 않다. 아이가 진정으로 원하고 잘하는 일이 무엇인지도 찾기 힘들다. 현명한 부모라면 아이의 관심과 흥미가 어디에 있고 무엇을 좋아하는지를 물어야 한다. 아이가 음악을 좋아한다면 그게 좋네 나쁘네 평가하지 말고, 음악회나 콘서트 등에 데리고 가서 함께 음악을 감상하고 무엇을 느꼈는지 이야기를 나눠보자. 아이가 공부를 좋아하고 잘한다면 다행이라고 안도만 하지 말고, 교과목 중에서 특히 관심 있는 과목은 무엇인지, 그 과목을 왜 좋아하는지를 이야기해보자.

단지 좋은 대학에 갈 수 있게 도와주는 것으로 부모의 역할을 다했다고 생각한다면 크나큰 착각이다. 진로교육은 시대의 특별한 흐름이 아니라 아이가 인생을 살아가고 자아실현을 하는 데 반드시 필요한 과정이다. 청소년기에 진로에 대한 자기탐색이 충분히 이루어지면 아이가 성인이 되어 세상에 나갔을 때 혼란과 갈등을 겪지 않는다.

부모교육을 하다 보면 진학교육과 진로교육을 같은 개념으로 알고 있는 사람들이 의외로 많다. 사실 문제는 거기서부터 시작된다. 아이가 좋은 대학에 들어가고 좋은 학과를 나오면 이후 진로가 탄탄할 것이라는 잘못된 생각이 문제를 만들어내는 것이다. 마치 대학이 종착역인 것처럼 생각하는 부모들의 오류이다.

바람직한 진학교육은 진로교육 안에서 이루어져야 한다. 내 아이의 적성과 흥미가 어디에 있는지를 파악하고, 좀 더 미래지향적인 안목을 키우도록 하자. 글로벌 시대에 살고 있다는 말을 공공연히 하면서도 부모들의 생각은 아직도 구태의연하고 폐쇄적이다. 아직도 의사나 변호사가 되어야 돈을 많이 벌 수 있고, 공부 못하면 제대로 된 사람 구실을 못한다고 생각하는 부모들이 많다. 글로벌 시대의 아이들에게 들이대는 고릿적 성공잣대를 하루빨리 거둬들여야 할 것이다.

이 시대의 진로는 생애 전반에 걸쳐 이루어지는 과정으로 보아야 한다. 따라서 어떤 일을 하느냐보다 어떻게 사느냐가 중요해졌다. 또한, 수직적인 사고에서 벗어나 수평적인 사고와 열린 마음으로 진로를 고민해야 한다. 이제는 고등학교 진학도 아이가 살고 있는 시나 도를 벗어나 전국의 고등학교를 대상으로 놓고 고려하기도 한다. 고교의 다양화와 고교선택제가 실시되고 있기 때문이다. 또한, 고등학교를 선택할 때도 중학교 이전에 자신의 적성과 진로의 방향을 어느 정도 잡아놓은 아이들이 훨씬 유리하다. 진로에 대한 일관된 노력의 흔적을 평가기준으로 삼기 때문이다. 그리고 이후에 대학을 선택할 때는 전 세계의 대학을 대상으로 놓고 생각하도록 사고의 폭을 확장시켜주는 노력도 필요하다.

가만히 앉아서 도대체 왜 이렇게 교육정책이 자주 바뀌는지 모르겠다고 한탄만 하는 것은 아무런 도움이 안 된다. 실질적인 도움을 받을 수 있는 곳을 찾아가 진로에 필요한 검사를 받고 상담을 청해보자.

우리나라 아이들은 성적에 상관없이 진로에 대해 막연해하고, 심지어는 불안감까지 느낀다. 그래서 어른들이 도와주지 않으면 방향을 잡기 힘들다. 특출난 재능이 있어서 어렸을 때부터 구체적인 꿈을 키우는 아이들은 많지 않다. 따라서 모든 부모는 아이의 적성이 어디에 있고, 어떤 분야에 흥미가 있는지 스스로 알 수 있게 도와야 한다. 진로교육의 시작은 나 자신을 잘 알고 이해하는 데서 시작하기 때문이다.

무조건 공부하라고 강요할 것이 아니라 성격이 활발하고 사람들과 어울리기를 좋아하는 아이라면 성격의 강점을 살릴 수 있는 일들을 생각해보자. 내향적이고 조용한 성격의 아이라면 남들 앞에 왜 당당하게 나서지 못하느냐고 채근할 것이 아니라 그 성격을 긍정적으로 살릴 수 있는 일들을 찾아보자. 현명한 부모는 아이가 가진 성격이나 장점, 단점 등을 있는 그대로 파악하고 받아들인다. 이것이 좋은 부모가 되기 위한 가장 좋은 방법이라고 할 수 있다.

대학 입학이 인생의 목표인
아이들, 왜 문제일까?

지난해 지인의 아들이 하버드 대학에 합격했다. 도대체 얼마나 공부를 잘했기에 하버드에 갔느냐고 물었더니 의외의 답변이 돌아왔다.

"공부만 열심히 한 게 아니어서 들어갈 수 있었던 것 같아요."

정말로 그렇다. 이제 학교 성적만 좋다고 좋은 대학에 합격하는 시대는 지났다. 세계 유수의 명문 대학에 입학하려면 성적과 함께 '정의적 요인'이 충족되어야 한다. 흔히 말하는 시험 성적이 높은 아이들은 인지적 요인이 높다고 할 수 있다. 인지적 요인이 암기력과 사고력 등의 능력을 가리킨다면 정의적 요인은 인지적 요인보다 우위에 있는 지성의 영역을 활성화시키는 데 필요한 총체적 학습능력이다. 신체능력, 정신력, 비전, 가치관, 회복탄력성, 자발성, 긍정성 등이 바로 정의적 요인에 속해있는 능력이다.

우리나라 학생들 중에 하버드 낙제생이 많은 이유

미국에서도 소위 아이비리그라고 불리는 명문 대학 진학률이 한국계 학생들이 제일 높다고 한다. 그런데 아이러니하게도 낙제율도 가장 높다. 몇 해 전 하버드 대학에서 낙제하는 동양계 학생들을 대상으로 조사를 벌였는데, 놀랍게도 낙제생 10명 중 9명이 한국계 학생이었다. 하버드 교육위원회의 발표에 따르면 낙제생들의 공통점은 장기적인 인생목표가 없다는 것이었다. 그 학생들의 목표는 오로지 '하버드 대학 입학' 자체에 있었다. 믿어지지 않지만 그 우수한 성적의 아이들은 대학 입학 이후의 장기적이고 궁극적인 인생목표를 가지고 있지 않았다. 대학 입학은 미래의 꿈을 이루기 위해 거치는 하나의 과정이 되어야 하는데 종착역으로 삼은 것이다.

또 한편으로, 외국에 나가 대학생활을 하는 학생에게서 "공부는 어떻게 해보겠는데 체력이 따라주지 않는다"는 말을 많이 들었다. 그 많은 원서를 소화해서 과제를 제출하고 시험을 치르려면 며칠씩 밤을 새우는 일이 허다한데, 체력이 따라주지 않아서 힘들다는 이야기다. 우리나라에서 고등학교 3년을 보냈다면 경쟁이 될 법도 한데 왜 그런 말이 나오는 걸까? 곰곰이 생각해보면 운동은 꿈도 못 꾸고 고등학교 3년 내내 엉덩이로만 공부했기 때문이다.

학습능력이라 하면 우리는 암기력과 사고력 같은 인지적 능력만 떠올리는 경향이 있다. 그런데 학습능력의 기본은 지성의 영역이 아니라 신체와 감정의 영역이다. 건강한 신체에 건강한 정신이 깃든다는 말처럼 몸을 건강하게 관리해야 안정적인 감정을 유지할 수 있다. 그런데 우리나라의 부모와 교사들은 신체와 감정의 영역을 공부와 별개로 생각하거나 공부를 잘하기 위한 부수적인 것쯤으로 여긴다.

이런 교육환경에서 자란 아이들은 글로벌 경쟁에서 뒤처질 수밖에 없다. 인지적인 영역에서 제아무리 탁월한 능력을 보이더라도 자신에 대한 비전과 사명감 없이는 세계 무대에서 뛰기에 몸과 마음의 힘이 모두 부족하다.

우리나라 학생들의 정규수업 외의 공부시간은 핀란드 학생들에 비해 3배나 더 길다. 학교수업 외에 학원과 보충수업에 드는 시간은 각각 4.85시간과 3.8시간이라는 조사결과가 있다. 우리나라를 방문한 핀란드 교장협의회 회장은 다음과 같은 조언을 남겼다.

"경쟁은 교육에 해롭다. 학생들은 협동과정에서 많은 것을 배운다. 경쟁에 대한 부담은 사고력을 약화시킨다. 깊이 생각할 여유를 빼앗기 때문이다. 심한 스트레스를 받으면 공부를 고통으로 여기게 된다. 경쟁이 꼭 나쁜 것만은 아니지만 학생들을 고통으로 몰아넣는 경쟁은 옳지 않다. 교육현장에서는 아직까지도 경쟁보다 협력을 강조한 교육방식이 더 성공을 거두고 있다."

명문 대학 입학의 조건은 성적이 다가 아니다

우리나라 학생이 하버드 대학에 들어가려면 대단한 수재여야 하는 것은 일정 부분 맞는 말이다. 하지만 미국의 명문 대학은 우리나라처럼 성적만으로 입학을 결정짓지 않는다. 그렇다면 구체적으로 어떤 조건을 갖추어야 할까?

학업 성적이 높아야 한다

당연한 말이지만 그곳에서도 학업 성적을 중요하게 생각한다. 성적이 뛰어난 학생이어야 지원할 수 있다. 좋은 성적은 성실함의 척도이며, 대학 공부를 소화할 수 있다는 방증이기 때문이다. 그 한 예로, SAT(대학수학능력시험) 성적은 만점인데 학교 성적이 낮은 학생은 입학이 어렵다. 오히려 SAT는 보통이나 학업 성적이 우수하면 입학이 가능하다. 학교 성적이 뛰어난 학생들보다 좋은 학업 능력을 가진 성실한 학생들에게 기회를 준다는 이야기다.

미래의 잠재력을 인정받아야 한다

우리나라도 마찬가지지만 학년이 올라가면서 성적이 점점 높아졌다든지, 봉사활동을 꾸준히 해온 미래지향적인 학생을 원한다. 학생이 가진 잠재력은 얼마나 능동적으로 대학생활을 할지 가늠하는 좋은 지표이며, 신념을 대변한다고 본다.

일관성과 진정성이 있어야 한다

일관성이란 한 가지 일을 꾸준히 하는 일관된 성실함을 가리키는데, 여러 가지 활동보다 운동이든 악기든 어느 한 가지를 꾸준히 해온 학생을 높이 평가하며 자신만의 이야기가 있는 진정성 있는 학생을 원한다. 또한, 일관되고 성실한 모습이 자신이 하고 싶은 일과 공부에 어떻게 연결되는지도 중요한 평가요소가 된다.

자신의 일에 최선을 다해야 한다

미국의 명문 대학은 자기 자리에서 최선을 다했는지의 여부를 평가할 때 운동을 얼마나 열심히 했느냐를 살펴본다. 그리고 운동에서 높은 성적을 거두는 것을 끈기 있는 사람이라는 증거로 본다.

리더십과 창의력이 있어야 한다

미래의 인재상에서 빠질 수 없는 요소가 바로 리더십과 창의력이다. 리더십이 있는 사람은 통솔력은 물론이고, 다른 사람들의 마음을 살피고 조직을 이끌어갈 수 있는 내면의 힘을 가진 사람이다. 창의적인 사람이란 새로운 생각을 해내는 능력을 바탕으로 새로운 것을 탐구하고 능동적으로 대처하면서 새로운 것을 만들어내는 사람이다.

공부보다 중요한 가치를 심어줘라

그동안 우리는 모든 관심과 초점을 자녀의 대학 입학에 두었음을 솔직하게 인정해야만 한다.

"305호 아들이 서울대에 합격했대요."

"아이가 대학에 들어갔으니 한시름 놓겠네요!"

"대학만 들어가면 다야? in seoul도 못했는데……."

"대학도 떨어지고 저러고 있으니 얼마나 답답할까요?"

우리나라 부모들은 모두 대학 신봉자다. 대학지상만능주의라고 해도 무방할 만큼 대학 입시에 열과 성의를 다한다. 그런데 그런 부모들이 막상 자녀가 대학에 들어가면 이후의 학업에는 별 관심이 없다. 요즘은 꿈에 그리던 명문대에 입학하더라도 졸업 후 성공적인 취업을 보장받지 못한다. 그것은 무한경쟁 시대를 사는 탓도 있지만 부모가 입시에만 매달리느라 아이들에게 꿈에 대한 올바른 가치관을 심어주지 못한 탓도 크다.

미국의 백악관 국가장애위원회 정책차관보를 지낸 강영우 박사는 성공의 가장 큰 조건에 대해 다음과 같이 말했다.

"링컨의 어머니는 어려운 시기에 더 좋은 세상을 만들고 꿈을 지켜나가는 방법을 아들에게 심어줬고, 레이건의 모친 역시 오늘의 실패가 내일의 성공이 될 수 있다는 희망의 가치관을 심어주었다."

성공에 대한 부모의 가치관이 바람직하지 않으면 성공에 대한 아이들의 가치관 역시 편협해지고 이기적일 수밖에 없다. 자녀가 진정으로 성공해서 행복한 삶을 살기 원한다면 공부보다 더 중요한 가치를 심어주는 부모가 되어야 한다. 자녀의 인생목표는 무엇인지, 어떤 꿈을 키우고 있는지, 부족한 점은 무엇인지, 힘들어하는 점은 무엇인지를 생각하는 시간을 가져야 할 것이다.

1등이 아니면 의미가 없고, 치열한 경쟁 속에서 어떻게든 혼자 살아남아야 한다고 강요하는 것은 나무만 보고 숲은 바라보지 못하는 부모들이 저지르는 실수이다. 지금 내 아이와 함께 동시대를 살아가고 있는 아이들을 경쟁자로만 바라보게 만드는 편협한 시각에서 벗어나자. 그 아이들은 앞으로 내 아이와 더불어 이 나라를 이끌고 갈 소중한 동반자들이다.

현명한 부모라면 아이가 어떤 대학에 들어가고 어떤 직업을 가지느냐보다, 아이의 꿈을 먼저 찾아주고, 그 꿈을 이루기 위해 어떤 공부를 하고 어떻게 살아갈 것인지를 고민하는 아이로 키워야 할 것이다.

진학은 '진로'라는
여행길에서 하나의 정거장일 뿐이다

아이들은 어떻게 사는 것이 행복한 삶인지 아직 잘 모른다. 하지만 주변 사람이나 책, 또는 여러 매체들을 통해 나름대로 짐작은 한다. 특히 초등학교 시절에는 좋아하는 일만 하면서 사는 것을 행복한 삶이라고 생각하기도 하고, 어떤 대학을 가야 하나보다는 어떻게 하면 더 즐겁게 놀 수 있을까를 고민한다.

어떤 측면에서 보면 이 아이들의 태도는 매우 바람직하다. '어떤 학교에 진학할 것인가'보다 중요한 문제는 어떤 사람으로 살고 싶은지, 어떤 삶을 살고 싶은지를 고민하는 것이다. 어떻게 사는 것이 행복하고 성공적인 삶인지를 알려면 많이 보고 듣고 느끼고 경험하는 것이 전제조건이다. 그런데 부모들 대다수는 "그런 경험은 지금 하나도 중요하지 않아. 네 발등에 떨어진 불은 좋은 고등학교, 명문 대학에 가는 거야. 그런 고민은 대학 가서 해도 늦지 않아"라고 말한다.

공부만이 길은 아니다

오랫동안 우리나라 부모들은 주입식 교육의 폐단, 성적중심의 입시정책과 한 해에도 몇 번씩 바뀌는 교육정책에 불평과 불만을 쏟아내 왔다. 그러나 학부모들의 목소리는 여전히 정책에 반영되지 않고 있으며, 입시경쟁은 나날이 치열해지고 있다. 학교 수업 외에 학원을 서너 개씩 다니는 것은 학생들의 일상적인 모습이다. 이것은 진로보다 진학이 우선시되는 우리 교육환경에서는 피해갈 수 없는 과정이다.

우리나라 아이들의 행복지수는 OECD 국가 가운데 가장 낮고, 20대 자살률은 가장 높다고 한다. 그 이유는 무엇일까?

요즘 아이들의 자신감은 성적이 좋으냐 나쁘냐에 따라 좌우된다. 그래서 자기 장점이 무엇인지를 자신 있게 말할 수 있는 아이들은 찾기 힘들다. 축구를 못하거나 피아노를 잘 못 친다고 혼내는 부모는 많지 않지만 성적이 떨어졌을 때 화를 안 내는 부모는 드물다. 아이의 학습능력이 떨어져서가 아니라 공부를 안 해서 성적이 안 나왔다고 생각하기 때문이다.

아이가 초등학교 고학년인 부모라면 수학이나 영어학원에 등록하러 갔다가

괜스레 화가 나서 돌아온 경험이 있을 것이다. 학원 문을 열고 들어가면 아이의 현재 수준을 체크한다면서 레벨 테스트에 들어간다. 그리고 테스트가 끝난 뒤에는 외고반, 특목고반을 운운하며 일반고반에 들어가는 것을 부끄럽게 만들어버린다. 얼굴색을 살피고 엄마의 속마음을 눈치 챈 아이들은 '나는 이 정도밖에 안 되는 아이야' 하고 일찌감치 절망에 빠진다.

아이만의 고유한 특성과 재능은 진로를 고민할 때 빛을 발한다. 하버드 대학의 발달심리학자 하워드 가드너Howard Gardner 교수는 기존의 지능이론에 회의를 품고 다중지능이론을 주창했다. 그는 모든 사람이 가지고 있는 다양한 지적 능력을 '지능'이라 부르면서, 인간에게는 크게 언어지능, 논리수학지능, 공간지능, 신체운동지능, 음악지능, 인간친화지능, 자기성찰지능, 자연친화지능, 실존지능이 있다고 했다. 가드너 교수는 다중지능이론을 통해 오로지 공부만이 길은 아니므로 아이에게 뛰어난 지능을 찾아 계발하고, 약한 지능은 적절한 자극을 주어 강화시켜야 한다고 주장했다.

공부를 잘하는 아이라면 언어지능이나 논리수학지능이 뛰어날 가능성이 높다. 진학을 위해서는 이 지능이 높아야겠지만 '어떻게 살 것인가' 하는 진로의 문제에서는 인간친화지능과 자기성찰지능, 자연친화지능이 더 중요해진다.

대학을 목표로 달린 아이는 대학에서 길을 헤맨다

'진로'란 쉽게 말하면 앞으로 나아갈 길을 의미한다. 그 길에 들어서면 사람들과 어울리는 축제의 장도 있고, 힘들 때 쉬어가는 벤치도 있다. 이것저것 펼쳐놓고 원하는 물건을 사고팔 수 있는 시장도 있고, 가끔은 사람들과 부딪쳐 넘어지고 다치기도 한다. 오솔길을 만나면 혼자 외롭게 걷다가 눈부신 풍경에 금세 기분이 좋아지기도 한다. 그런데 진로의 한 과정인 '진학' 문제 앞에 서면 모두들 딱 한 대밖에 없는 급행버스를 타려는 사람들처럼 바빠지고 여유가 없어진다.

유치원에 들어가기 전부터 아이들은 조기교육의 거센 열풍을 타고 일찌감치 배움의 길에 들어선다. 초등학교에 들어가면 입시를 위한 기초교육과 공부습관을 키워야 한다며 관리대상이 되고, 예체능은 이때가 아니면 안 된다며 이 학원 저 학원으로 순례를 시킨다. 중학교에 들어가면 선행학습을 하지 않고는 중위권에도 들 수 없기 때문에 아이는 학원 다니느라 바쁘고 엄마는 그 뒷바라지에 바쁘다. 고등학생이 되면 본격적인 수능 준비에 들어가 1학년 때부터 성적 관리는 기본이고 모의고사 준비와 시험으로 정신없는 3년을 보내게 된다.

그런데 12년을 대학만 보고 열심히 달린 끝에 합격이라는 상패를 손에 거머쥔 아이는 그것으로 만족을 할까? 안타깝게도 그렇지 않다. '내가 고작 이러려고 대학에 왔나?'부터 '이건 내가 원하는 삶이 아니야'에 이르기까지 크고 작은 방황을 겪는다. 구체적인 꿈을 가지지 않은 채, 공부와 진학에 대한 확실한 동기도 없이 오로지 진학 자체를 목표로 삼게 되면 이런 결과와 맞닥뜨리게 된다. 그러니 어느 대학에 들어갈지를 정하기 전에 나라는 사람은 누구이고, 나는 무엇을 좋아하고 잘하며, 나는 앞으로 어떤 삶을 살고 싶은지에 대해 심사숙고하고, 그 결과를 바탕으로 찾아낸 꿈을 가슴에 품고 키워야 한다. 또 그 꿈을 이루기 위해 직업에 대해 탐색하고 알아보는 시간도 가져야 한다.

미래의 꿈을 이루기 위해 지금 내가 해야 할 일이 무엇인지를 제대로 인식하고 있는 아이들은 즐겁게 열심히 공부한다. 또, 그런 아이들은 자신이 어떤 학교를 가고 싶은지, 어떤 학교에 갈 수 있는지에 대해 관심을 가질 수밖에 없다.

진학과 진로는 더 이상 우선순위를 따질 문제가 아니다. 아이가 미래에 행복하고 즐거운 삶을 살기를 바란다면 먼저 진로라는 도화지 위에 어떤 그림을 그리고, 어떤 색을 칠하고 싶어하는지를 파악해야 한다. 또한, 자신이 그린 그림 속 주인공이 되려면 무엇을 어떻게 해야 하는지 깨닫게 해야 한다. 진학은 여행의 종착지가 아니다. 진로라는 긴 여행에서 잠시 거쳐 가는 정거장일 뿐이다.

우리는 꿈에 의해 성장한다.
모든 위대한 사람은 꿈꾸는 사람이었다.
• 우드로 윌슨Woodrow Wilson •

2장

꿈을 키우는 아이 &
꿈을 키워주는 부모

문과 · 이과의 선택,
수학 성적에 맡기지 마라

해마다 3월이 되면 고등학교 1학년 학생들의 상담 전화가 빗발친다. 하나같이 계열 선택을 어떻게 해야 할지 몰라 고민이라는 내용이다. 좀 더 정확히 말하면 고민이라기보다는 어떻게 해야 할지 전혀 모른다는 표현이 더 적합하다. 믿기 어렵겠지만 문과와 이과의 차이를 모르겠다는 학생도 적지 않다.

"저는 수학을 못해서 이과는 갈 수 없어요. 그런데 아빠가 취업을 생각하면 남자는 무조건 이과를 가야 한다고 그러세요. 어떻게 하면 좋죠?"

"우리 학교는 문과로 가야 내신 받기가 좋거든요. 그냥 문과로 가는 게 좋겠죠?"

"대체 문과랑 이과는 왜 나누는 거예요? 정말 머리 아파 죽겠어요!"

문과와 이과에 대한 기본적인 정보조차 모른 채 결정을 내려야 한다니 정말로 답답할 노릇이다.

계열 선택은 인생의 방향을 결정한다

대한민국의 고등학생이라면 문과든 이과든 반드시 한쪽을 선택해야 한다. 아마 이 책을 읽는 부모들도 고등학교 시절 계열 선택을 놓고 고민했던 기억이 있을 것이다. 따지고 보면 고등학교의 계열 선택은 대부분의 사람에게 인생의 첫 설계라 할 수 있다. 그만큼 신중할 수밖에 없고, 고려할 것도 많다. 문과로 가느냐 이과로 가느냐에 따라 앞으로 무엇을 목표로 어떻게 살아가야 하는지 인생의 방향이 결정되기도 한다. 그럼에도 불구하고 이토록 부실한 정보와 단순한 판단기준으로 계열을 선택하는 학생들이 많다니 안타까운 현실이 아닐 수 없다. 그런 까닭에 대학을 1, 2년 다니다가 계열 선택을 잘못했다며 편입을 준비하는 경우도 비일비재하다.

우리나라에서 편입하는 학생들을 보면 크게 두 가지 부류로 나뉜다. 첫 번째는 더 인지도 높은 대학이나 선호도가 높은 과로 편입하는 경우이다. 이런 학생들은 취업이나 결혼이 목적인 경우가 많다. 나머지 하나는 대학을 다니다가 자신의 적성이나 꿈과는 거리가 먼 공부를 하고 있다는 것을 뒤늦게 깨달은 경우이다. 이런 학생들은 학교의 인지도보다는 졸업 후의 진로에 초점을 맞춰 편입할 학교와 전공을 선택한다.

계열 선택을 앞두고 일선 학교에서 상담이 이루어지기는 한다. 그런데 그 방법이 너무 원시적이다. 일반적으로 수학 점수가 낮으면 문과를, 높으면 이과를 추천하는 식이다. 이런 상황은 20년 전이나 지금이나 변함이 없다. 내가 고등학생이었을 때도 수학을 잘하면 이과, 수학을 못하면 문과를 선택하는 것을 당연하게 생각했다. 21세기를 살고 있는 요즘 학생들도 별반 다르지 않다.

개중에는 이러한 계열 선택 과정에 대해 불만을 토로하는 학생들도 있다. 학교에서는 학생들에게 문과, 이과 중에 체크하라며 유인물을 나누어준 후, 상담이 필요하다면 상담 뒤에 최종 결정하라고 요구한다. 뭔가 순서가 잘못된 것 아니냐는 불평이 터져나오는 것도 무리는 아니다. 게다가 상담을 받아도 상황은 크게 변하지 않는다. 대부분의 상담이 성적표를 앞에 놓고 성적이 높은 쪽으로 결정하라는 식이기 때문이다.

상담을 하는 교사 입장에서도 할 말은 있다. 현실적으로 어쩔 수 없다는 것이다. 각 학생에 관한 누적된 진로 데이터가 없기 때문에 참고할 데이터가 없고, 그나마 적성검사 결과가 있기는 하지만 제대로 해석할 수 없어서 활용자료로 삼기에는 어려움이 많다. 때문에 현실적으로 가장 객관적인 자료라 할 수 있는 성적표를 놓고 판가름할 수밖에 없다는 것이다.

진로 문제 앞에서 부모들은 더욱 난감해진다. 계열 선택에 관한 가정통신문을 받고 나면 성적표를 먼저 확인하게 된다. 성적이 좋게 나오는 계열을 선택해야 대학 진학이 쉬울 것이라는 일차적인 생각을 하기 때문이다. 아이의 적성검사지를 참고한다거나, 아이가 하고 싶어하는 일을 고려해야 한다는 생각은 성적표에 밀리거나 아예 고려 자체도 되지 않는 경우가 많다.

그렇다면 성적이 높은 최상위권 학생들과 그 부모들은 계열 선택이 수월할까? 사실 계열 선택을 놓고 가장 어려움을 겪는 부류가 이들일 것이다. 수학도 잘하고, 국어와 영어, 탐구 과목까지 잘하는 아이들은 단편적으로 성적표만 가지고 계열 선택을 하기는 어렵다. 언젠가 자녀가 과학고에 다니는 학부모에게서 성적으로 결정하기 어려워 용하다는 철학관에 가서 어느 계열로 가면 좋을지를 물었다는 기가 막힌 이야기도 들었다. 한술 더 떠 지문검사를 통해 계열을 결정하는 경우도 봤다.

계열 선택에 대한 학부모들의 오해와 편견은 또 어떤가? 남자는 이과, 여자는 문과로 가야 한다는 구시대적인 생각을 하는 부모가 아직도 많다. 또한, 부모 입장에서는 대학 진학이 최우선이다 보니 결정을 빨리 내릴수록 좋다고 믿는 경향이 크다. 일단 좋은 대학에 들어가면 만사가 해결된다는 진학 지상주의에 빠져있기 때문이다. 그래서 어떤 계열을 선택할까 하는 문제를 부모와 함께 고민하는 것도 말처럼 쉽지가 않다.

무엇을 하고 싶은지가 먼저다

고등학교에서 계열 선택을 하는 시기는 대개 1학년 8월 여름방학 전에 사전 조사를 시작해서 1학년 말까지 이루어진다. 1학년 2학기쯤이면 선택이 거의 끝난다. 학생들 입장에서 보면 이제 막 고등학교에 진학하여 학교생활에 익숙해질 때쯤 이 중요한 선택을 해야 한다.

그런데 학교에서 계열 선택을 재촉하는 이유를 알게 되면 분노할 아이들이 많을 것이다. 그 이유가 8월 초부터 선택해야 시간에 쫓기지 않고 교과서 주문이 가능하다는 데 있기 때문이다. 계열 선택의 중요성이 교과서 주문과 교사 수급, 시간표 정리 등 행정적인 편의에 밀리는 우리의 현실은 심각하게 반성할 일이다.

결국 충분한 고민 없이 계열 선택을 한 아이들 중에 뒤늦게 계열을 바꿔달라고 사정하거나 고등학교 내내 그 고민에서 벗어나지 못해 심리적 부담감을 안고 지내는 경우가 많다. 선택한 계열을 바꾸는 일은 쉽지가 않다. 한 학생은 상담을 하면서 "수학에 자신이 없어서 문과를 선택했는데요. 사실 저는 수학을 못한다기보다 자신이 없었어요. 그런데 본격적으로 문과 수업을 받으면서 제가 문과에 적성이 맞지 않다는 걸 알았어요. 이과 반으로 바꿔달라고 며칠 동안 선생님을 찾아가서 울었어요"라고 말했다. 이와 같이 진로보다 진학을 우선으로 하게 되면 가장 첫 번째로 부딪치는 난관이 바로 계열 선택이다.

7차 교육과정에서는 전문화, 세분화된 전공 영역별 과목 선택제도를 도입했다. 계열 구분을 더 뚜렷하게 하는 데 그 취지를 두었다. 전에는 문과 학생이라도 과학 과목 가운데 하나 이상을 선택해야 했고, 이과 학생이라도 사회 과목 가운데 하나 이상을 반드시 선택해야 했지만 이제는 이과 학생은 과학만, 문과 학생은 사회 과목만 시험을 치른다. 계열 구분이 보다 뚜렷해짐으로써 학생들 스스로 무엇을 하고 싶은지 고민하고 결정하는 게 더 중요해졌다.

이 시대는 '통섭'과 '융합'을 특히 강조하는데, 둘 다 서로 다른 요소가 한데 모여 새로운 일이나 학문을 만들어내는 것을 가리킨다. 통섭이란 '지식의 통합'이라고 부르기도 하며, 자연과학과 인문학을 연결하고자 하는 통합학문 이론이다. 이제는 글로벌 시대에 발맞춰 융합형 인재 육성에 초점을 맞추고 있다. 실례로 대학원에서 경영학이나 경제학을 전공하기 위해 대학에서 수학이나 통계학을 전공하는 경우도 다반사다. 게임이론을 연구한 수학자로서 노벨 경제학상을 받은 내쉬John F. Nash, Jr.나 순수수학을 전공한 후 월스트리트로 진출해 금융계의 최고 엘리트 자리를 차지한 수학자들을 그 예로 들 수 있다.

문과 분야에서 이과 전공자가 성공할 수 있는 이유는 경제학 트렌드가 '경제정책'에서 '수리경제'로 바뀐 데 있다. 따라서 계열 선택을 할 때 직업 트렌드의 변화까지 읽어내는 전문가로부터 조언을 구하면 더 많은 도움을 받을 수 있다.

현대 사회는 매일매일 급격한 변화를 겪고 있다. 단지 수학 점수 하나만으로 인생의 방향을 결정한다면 후에 엄청난 후회를 할 수 있다. 1학년 때 수학을 잘해서 이과를 선택했다가 2학년, 3학년으로 올라가면서 벅차하는 경우도 많다. 전문가들은 고등학교 1학년 때의 수학 점수는 현상을 해석하는 수리능력을 평가하는 것일 뿐 대학에서 심화전공을 소화할 수 있는지에 관한 여부까지는 장담하지 못한다고 말한다. 물리 · 화학 · 공학 · 건축학 · 의학 등의 이공계 학과는 자연현상에 대한 관심과 문제해결능력뿐만 아니라 주어진 과제에 대한 집착과 임무완수 능력까지를 요구한다. 그러므로 단순히 수학 점수 하나만으로 계열을 선택하는 방법은 시대에 뒤떨어졌다고 할 수 있다.

순서가 뒤바뀐 진로와 진학설계

그렇다면 어떤 방법으로 계열을 선택해야 할까? 서울대 산업인력개발학 전 공교수는 먼저 적성과 흥미에 맞는 꿈이 무엇인지를 고민하고, 그 꿈과 관련 있 는 학과를 찾은 다음 그 학과에 입학하기 위해 필요한 성적을 파악하는 순서가 되어야 한다고 조언한다. 예를 들어, 컴퓨터공학자가 되고 싶다면 컴퓨터공학 분야와 관련된 학과에 어떤 학과들이 있는지를 알아보고, 자신의 성적에 맞게 선택할 수 있는 학과가 어느 학교에 개설되어 있는지를 알아보는 것이다. 그런 데 우리 현실은 아이가 가장 잘하는 과목과 연관된 학과를 먼저 고르고, 아이의 성적으로 갈 수 있는 대학을 선택한다. 그리고 대학을 졸업하고 난 후에 직업을 선택한다. 진로와 진학설계를 완전히 거꾸로 하고 있는 셈이다.

어떤 학생의 경우, 희망하는 직업은 있는데 관련 계열 성적이 좋지 않을 수 있 다. 계열 선택을 해야 하는 고등학교 1학년이라면 흥미 있는 일을 찾고 진로를 미리 설정해보는 과정을 거치는 것이 좋다. 그 과정을 어떻게 거치느냐에 따라 성적표의 수치가 바뀌는 결과를 가져올 수도 있다.

내가 하고 싶은 일을 찾고 그것을 목표로 설정하기 위해서는 그 일에 대한 정 보나 사회 변화의 흐름, 또는 미래의 직업환경과 같이 전문적인 정보도 알아야 한다. 그런데 학생들에게 공부만 강요하는 지금의 교육현실에서는 직업에 대한 전문적인 정보를 얻기는커녕 혼자 힘으로 계열 선택을 하는 것도 어려운 일이 다. 아이들에게 좀 더 일찍부터 문과와 이과의 차이는 무엇이고, 자신의 성향이 문과에 맞는지 이과에 맞는지를 탐색하는 과정이 필요한 이유가 바로 여기에 있다.

계열 선택을 할 때에는 문과에서는 어떤 과목을 공부하고, 이과에서는 어떤 과목을 공부하는지를 제대로 파악해야 한다. 인생을 살다 보면 문과, 이과를 떠나 통합적인 사고 혹은 전혀 다른 분야의 사고가 필요할 때가 많다. 진로 결정이 이렇게 중요한 일임에도 불구하고 아직 진로에 대한 이해도가 낮은 아이들에게 알아서 결정하라는 것은 너무 무책임한 일이다. 대학 지원을 하면서도 그 학교에 어떤 학과가 있는지를 모르는 학생들이 의외로 많다. 심지어 자기가 지원한 학과가 어떤 직업과 연관되는지조차 모르는 학생들도 있다.

계열 선택을 할 때는 직업정보뿐 아니라 특정 직업을 갖기 위해 들어가야 할 대학의 학부 학과정보를 알아보는 것이 필수다. 이러한 진로지도는 학생들의 진로 성숙도를 높이고, 적성이나 관심 분야가 바뀔 때도 유연하게 대처하게 만든다. 아이가 초등학생이나 중학생이라면 아마도 먼 이야기처럼 들릴 것이다. 그런데 이 시대의 진로 문제는 좁고 단기적인 안목에서 벗어나 일찍부터 넓고 장기적인 안목으로 준비하고 접근하는 게 현명하다.

대학 입학은
인생의 목표가 될 수 없다

다들 마찬가지겠지만 고3 아이들을 보면 참 안쓰럽다. 19세, 굴러가는 낙엽만 봐도 웃음이 터지고 사소한 것에도 호기심이 일어야 할 나이인데, 아이들 얼굴에서는 생기를 찾아보기가 힘들다. 학교가 끝나면 숨 돌릴 틈도 없이 학원 릴레이 경주에 시달리는 탓이다.

나는 고3 아이들을 만날 때마다 꿈과 목표가 무엇인지를 묻는다. 그럴 때마다 돌아오는 답은 거의 한결같다.

"대학에 꼭 가고 싶어요!"

어떤 특정 대학에 들어가 어떤 전공 공부를 하겠다는 것이 아니고 대학에 들어가는 게 꿈이라는 것이다. 아이들의 표정을 보면 대학만 들어가면 이 지긋지긋한 공부에서 해방되어 신나고 즐거운 대학생활로 보상받게 될 것이라고 믿는 얼굴이다. 그런데 궁금증이 생긴다. 과연 노는 방법을 배우지 못한 아이들이 대학에 가면 재미있게 놀 수는 있을까?

주위를 둘러보자. 공부를 왜 하는지 모르겠다면서 부모가 시키니까 어쩔 수 없이 한다고 말하는 아이들이 꽤 많다. 어떻게 공부하면 효율적인지 생각해보지도 않고 엄마가 정해준 대로 이 학원에서 저 학원으로 시간대 별로 옮겨 다니는 아이가 대부분이다. 대학에 왜 들어가야 하는지 생각해보지도 않은 채 엄마가 초등학교 때부터 만들어놓은 로드맵을 따라가며 좋은 성적을 내다가 외고, 특목고에 진학하는 말 잘 듣는 모범생도 많다. 자기가 뭘 좋아하고, 뭘 잘하는지도 모르는 아이들도 부지기수고, 부모에게 혼날까 봐 공부하는 척만 하는 아이들도 많다.

과연 이런 아이들이 대학만 들어가면 모든 것이 해결될까? 자유를 누리는 방법을 모르는 아이들이 그 자유에 책임이 따른다는 것을 알고는 있을까? 그 아이들의 부모들에게 묻고 싶다. 아이들에게 꼭 들어가야 한다고 강요하는 대학은 도대체 무엇을 하는 곳이라고 생각하는가?

대학은 꿈을 이루어가는 과정일 뿐이다

현주는 초등학교 5학년 때 어학연수를 다녀왔다. 그 후로는 동네에서 외국 유학을 갔다 온 아이들만 다니는 영어학원의 최고 레벨반에 들어가 영어 공부를 했다. 아이는 항상 밤 10시가 넘어 집에 돌아왔다. 중학교에 올라간 아이는 공부시간이나 학습량이 많은 데 비해 성적이 잘 나오지 않아 속상해하는 날이 많았다. 그때마다 엄마는 "외고에 들어갈 때까지는 열심히 하는 수밖에 없어"라고 달랬다. 현주는 공부가 너무 힘들고 벅찼지만 늘 학원 시간에 맞춰 데려다 주고 데리러 오는 엄마에게 불평할 수가 없어 묵묵히 참고 견뎠다.

그간의 노력에도 불구하고 현주는 안타깝게도 목표했던 외고에 떨어졌다. 가족들의 실망은 이만저만이 아니었고 엄마는 몸져눕기까지 했다. 주변의 위로 속에서 현주는 일반고에 가서 열심히 공부하겠다고 마음을 추슬렀다. 일반고에서도 현주는 명문 대학을 목표로 열심히 공부했다. 엄마의 극성맞은 정성도 계속되었다. 드디어 현주는 원하는 대학에 합격했고, 엄마는 알고 지내왔던 사람들을 불러 호텔에서 저녁을 대접했다. 현주는 축하와 부러움을 한 몸에 받았다.

그런데 얼마 지나지 않아 사건이 터지고 말았다. 명문 대학의 불문과에 입학했지만 외고를 졸업한 학생들에게 주눅이 들어 더 이상 학교를 못 다니겠다면서 현주가 자퇴를 선언한 것이었다. 고등학교 3년 동안 현주는 오로지 그 대학에 들어가겠다는 목표와 꿈을 향해 매진했다. 대학에 합격한 현주는 앞으로 탄탄대로만 펼쳐질 것이라고 믿었다. 하지만 자신보다 실력이 나은 친구들이 한없이 두려웠고, 그들과 함께 있으면 자신이 초라하게 느껴져 늘 소외감이 들었다.

고등학교 졸업식장에 가면 흔히 듣는 말이 있다.

"졸업은 끝이 아니라 시작이자 출발점입니다!"

현주의 목표이자 꿈이었던 대학 입학 역시 시작이자 출발점이었다. 그런데 현주는 왜 출발점이었던 대학에서 자퇴라는 결정을 내리고 말았을까?

현주는 엄마가 시키는 대로 그저 열심히 공부만 하면서 높은 성적을 받는 것을 최고의 가치로 여겼다. 자신에 대해 돌아보거나 힘든 상황을 만났을 때 어떻게 대처해야 하는지에 대해 고민할 여유도 없었다. 그런 현주가 감내하기에는 대학생활의 압박감과 무게감이 너무 컸다.

대학은 꿈을 이루어가는 하나의 과정이다. 대학 자체가 꿈이고 목표가 되어서는 안 된다는 말이다. 명문 대학에 들어가는 순간 나나 내 아이의 삶이 활짝 필 것이라 생각하는 학생이나 학부모에게는 달갑지 않은 말일 것이다. 하지만 분명한 점은 명문 대학 입학을 꿈으로 삼기에는 우리 삶이 너무 길고 우리가 해야 할 일과 할 수 있는 일이 너무 많다는 것이다.

대학에 입학하는 나이인 19세에서 20세는 세상 그 무엇과도 바꿀 수 없는 소중한 시기이다. 미래의 밑그림이 그려지고, 미성년자에서 성인으로 성장하는 중요한 시간이기 때문이다.

아이들이 힘들게 들어간 대학에서 후회하고 방황하지 않게 하려면 일찍부터 대학 입학 자체를 목표로 삼지 않도록 경계해야 한다. 그러기 위해서는 평소 자녀가 무엇을 좋아하는지, 어떤 꿈을 꾸고 있는지, 그 꿈을 이루기 위해 어떻게 해야 하는지를 아이와 소통하는 부모가 되어야 한다.

성적이 안 나오면
부모님께 죄송한 일일까?

부모교육을 할 때마다 나는 "우리 부모가 달라져야 합니다"라는 말로 끝을 맺는다. 그러면 여기저기서 땅이 꺼지게 한숨 쉬는 소리들이 들린다. '당신이 잘못해서 아이를 망치고 있습니다'라는 말로 받아들이는 탓이다. 하지만 절대 그런 뜻이 아니다. 아이들로 하여금 잘못한 것도 없이 "죄송해요, 엄마"라고 말하며 고개를 숙이게 하지 말자는 뜻일 뿐이다.

세운이는 어린이집에 다닐 때부터 밥을 잘 먹지 않았다. 초등학교에 들어간 아이는 급식시간마다 매번 담임선생님에게 주의를 받았다. 아이도 괴로웠지만 그 말을 전해 듣는 엄마도 걱정이 이만저만이 아니었다. 집에서처럼 따라다니면서 먹일 수도 없고, 하루아침에 식사습관을 바꿀 수도 없었다. 학부모 상담을 다녀온 날, 엄마는 세운이에게 심각한 표정으로 말했다.

"엄마는 이제 창피해서 학교에 못 가겠어."

"왜요?"

"네가 학교에서 밥을 너무 천천히 먹고 골고루 먹지 않는다면서 선생님이 엄마를 혼내셨어. 아들을 잘못 가르쳤다고 말이야."

"정말요?"

"그래서 이제 엄마는 창피해서 학교에 못 가."

"왜 창피한데요?"

"너희 반 친구들이 집에 가서 '세운이는 밥을 잘 안 먹어서 날마다 선생님한테 혼나요'라고 이르면 다른 엄마들도 다 알게 되잖아. 그러면 창피해서 어떻게 학교 행사에 갈 수 있겠니?"

"죄송해요, 엄마……."

엄마라면 아이들에게 흔히 써먹는 방법이다. 아마 좋은 방법이라고 생각하는 엄마들이 많을 것이다. 그런데 이런 방법은 아이에게 좋지 않다. 그 말을 들은 아이는 왜 자기가 밥을 먹어야 하는지, 적당한 식사시간과 올바른 식사태도에 대해 여전히 모르는 채로 그저 엄마를 위해 밥을 잘 먹어야겠다고 생각하게 된다.

그날 밤 아이의 일기장을 보고 깜짝 놀란 세운이 엄마는 상담을 요청해왔다. 일기에는 '엄마를 창피하게 만들었으니 나는 나쁜 아이다'라고 쓰여 있었다.

"저는 그렇게 말하면 아이의 식사습관이 나아질 거라고 생각했어요. 아이가 자신을 나쁜 아이라고 생각하리라고는 전혀 생각하지 못했어요. 이럴 때는 아이에게 어떻게 말해줘야 하는 거죠?"

일기를 쓸 때 세운이의 마음을 짐작해보자.

'나는 엄마를 창피하게 만들었어. 엄마한테 너무 미안해. 나는 나쁜 아이임이 틀림없어. 어떡하지? 내일 급식시간에도 밥을 천천히 먹는다고 혼날 텐데······. 아, 나는 정말 급식시간이 싫어. 급식시간이 없어졌으면 좋겠어.'

세운이가 초등학생이 될 때까지 바른 식사습관을 들이지 못한 것은 부모님의 책임이 크다. 그런데 그 마음의 짐을 아이가 떠안고 말았다.

세운이가 어렸을 때 직장생활을 했던 엄마는 퇴근하면 아이에게 미안한 마음이 들어 꼭 밥을 떠먹여주었다. 유치원에 다닐 때에는 밥을 더디게 먹는 아이와 실랑이하는 것보다 떠먹여주는 게 편해 매번 그러다가 습관이 되고 말았다.

이런 경우에는 잘못된 방법으로 아이에게 상처를 주지 말고 "세운이가 요즘 급식시간에는 밥을 잘 먹고 있는지 궁금하네?"라거나 "밥을 잘 먹으면 키가 쑥쑥 큰단다" 등의 긍정적인 말로 엄마의 마음을 전달하는 게 좋다. 아이들은 부모가 자신의 부족한 부분을 인정해주고 기다려줄 때 더 잘하고 싶어지고, 속마음을 솔직하게 털어놓게 된다

부모를 위해 공부하게 하지 마라

부모들이 하는 흔한 실수 가운데 하나가 부모를 위해 아이가 공부하게 하거나 뭔가를 열심히 하게 만드는 것이다. 그런 아이들은 성적이 떨어지거나 부모님의 기대치에 미치지 못했을 때 부모님께 죄송하다고 생각한다. 또한, 자신이 부모님께 불효하고 있다고 생각하고, 부모님이 싸우면 그것도 자기 탓이라고 생각한다. 그런 아이들은 어른이 되어도 자율적인 사고를 하지 못하고, 문제해결능력도 많이 떨어진다. 뿐만 아니라 어린 시절 부모에게 받은 부정적인 메시지에서 벗어나지 못해 사회에 나와서도 기죽은 모습으로 살아간다. 처음에 어엿한 왕자와 공주로 태어난 아이들이 마법에 걸려 평생 두꺼비로 살아가는 것과 같다. 그런데 그 마법에 걸리도록 주문을 건 사람은 다름 아닌 부모들이다. '결자해지(結者解之)'라는 말처럼 마법은 마법을 건 사람이 풀어야 한다.

"이번 학기에 성적이 잘 나오지 않을 것 같아서 고민이에요."

이런 고민을 하는 대학생이 있다면 학점이 어느 정도일까? 아마도 성적이 너무 낮거나, 열심히는 하는데 성적이 좋지 않은 학생이라고 짐작할 것이다. 그런데 내게 이런 말을 했던 학생의 성적은 평균 4.2였다.

상담을 하다 보면 의외로 이런 대학생들이 많다. 그들의 얘기를 듣고 있다 보면 누군가가 짜놓은 인생 각본에 따라 살고 있다는 느낌을 지울 수가 없다. 앞서 예로 들었던 학생은 최고점수가 아니면 잘하는 게 아니라고 생각하고 있었다. 그 학생의 아버지는 중학교 때부터 늘 이렇게 말했다고 한다.

"2등부터 37등까지는 다 똑같다. 1등은 오직 한 명뿐이다."

그렇다고 이 말이 나쁜 말이라는 건 아니다. 의도는 공부 잘하는 아이를 독려하는 메시지였을 수 있다. 그런데 아이가 인생의 원칙으로 삼고 살아가기에는 버거운 메시지인 것은 분명하다.

자신의 일을 스스로 선택하고 결정하고 성취함에 있어서 부모님 입장까지 생각하는 아이로 키우는 것은 훌륭한 일이다. 하지만 이것이 '부모에 의한, 부모를 위한, 부모의 자녀교육'이 된다면 이야기는 달라진다. 부모로부터 받은 강한 메시지는 자칫 아이를 수동적으로 만들 수 있다. 잘해내고 있음에도 스스로는 뭔가 부족하다고 생각하고 자신을 인정하지 못하는 인생을 산다면 얼마나 안타까운 일인가!

교류분석 이론에 따르면 자신도 모르는 사이에 생기는 인생 각본은 아동기에 쓰여지는데, 부모에 의해 강화되고 추후의 사건들에 의해 정당화된다. 어떤 기준에 의해 타인에 대한 부정적인 시각을 갖게 되는 것도 슬픈 일인데 스스로 자신을 부정하는 일은 없어야 한다. 부모님께 죄송해서가 아니라 나 스스로 멋지고 당당한 인생을 살기 위해 삶의 기준을 찾는 아이로 키워야 할 것이다.

멀리 넓게 봐야
지치지 않는다

　내 딸아이는 퍼즐 맞추기를 좋아하는데, 100피스부터 1,000피스가 넘는 퍼즐도 가지고 있다. 얼마 전에 2,000피스짜리 퍼즐을 사달라기에 같이 나갔다가 퍼즐을 잘 맞추는 비결을 물었더니 의외로 단순한 대답이 돌아왔다.

　"퍼즐 맞추기는 요령이 필요해요. 처음에는 오목이와 볼록이 모양을 보면서 맞췄는데, 피스 수가 늘어나니까 오목이와 볼록이 모양만 맞춰서 넣으면 잘못 맞춰지는 경우가 많더라고요. 그러다가 좋은 방법을 찾았는데요, 바로 상자에 그려진 완성된 그림을 보고 맞추는 거예요. 그 방법이 가장 쉽고, 실패할 가능성도 적어요."

"1,000피스가 넘는 퍼즐을 맞출 때 포기하고 싶은 적은 없니?"

"완성된 그림을 보면서 맞추다 보면 기분이 좋아져요. 조금만 더 인내심을 발휘하면 저 그림처럼 완성시킬 수 있겠다 생각하면 포기하고 싶은 마음이 사라지죠."

대학에 대한 기대감을 높여라

퍼즐 맞추기와 마찬가지로 아이들이 대학에서 길을 잃지 않게 하려면 대학에 대한 큰 그림을 그리도록 도와주면 된다. 목적지까지 즐겁게 가기 위해서는 누군가와 함께 가는 것도 필요하지만, 목적지에서 무엇을 경험하고 느낄 것인지 기대감을 갖는 것도 중요하다. 대학에서 무엇을 공부하고, 왜 대학에 가야 하는지 생각해보는 시간이 필요하다는 말이다. 대학생들에게 직접 대학생활 이야기를 듣게 하는 것도 좋은 방법이다. 대학생이 많은 대학로나 홍대 거리를 걸으면서 대학생활에 대해 이야기해보는 것도 아이로 하여금 큰 그림을 보게 하는 방법이 될 수 있다.

이유를 불문하고 무조건 대학은 들어가야 한다는 사고방식은, 일단 나무만 보면서 가다 보면 가야 할 숲이 나온다고 말하는 것과 다를 게 없다. 웅장한 산의 모습을 보고 난 후 산을 오르고 싶다는 목표가 생겨 산을 오르는 사람과, 남들이 다 올라가니까 나도 한번 올라가보자 하는 사람은 산 정상에서 느끼는 만족감과 뿌듯함이 다를 수밖에 없다.

우리나라에는 다른 나라에서는 이해하지 못하는 몇 가지 특이한 현상이 있다. 그중 하나가 체육이나 음악, 미술 같은 예체능으로 진로를 정하면 다른 공부는 하지 않아도 된다고 생각하는 것이다. 외국의 경우에는 운동을 잘하거나 운동 동아리에서 활동한 경험이 명문 대학을 갈 수 있는 중요 변수가 되기도 한다. 그런데 우리나라에서는 체육 특기생이 되거나 운동을 전공하려면 공부를 포기해야 한다는 생각이 지배적이다. 실제로 우리나라에서는 운동하는 사람은 공부를 하지 않은 사람으로 간주하는 경향이 크고, 체육이나 미술, 음악이나 연기를 전공한 사람이 공부까지 잘한다고 알려지면 하루아침에 '엄친아', '엄친딸'로 등극하는 촌극이 벌어진다. 그러니 아들이 축구선수가 되고 싶다고 하면 운동을 하면 공부를 할 수 없으니 안 된다고 말리고, 딸이 음악공부를 하고 싶다고 하면 공부를 그렇게 잘하는데 무슨 음악이냐고 손사래를 친다.

이런 사정은 공부만 하는 아이들이라고 다를 게 없다. 그 아이들은 공부하느라 바빠서 봉사활동도 안 하고 동아리활동도 제대로 못한다. 우리나라 부모들은 인성을 키우는 것도, 체력을 기르는 것도, 예술을 즐기는 것도 모두 대학에 들어간 뒤로 미루라고 말한다. 공부 말고 다른 것은 대학 가서 해도 늦지 않다고 말이다.

통계청 자료에 따르면 우리나라 학생들의 하루 평균 공부시간은 7시간 50분 정도이다. 일본에 비하면 2시간 20분이 더 많고, 조사대상 국가 가운데 가장 낮은 영국에 비하면 4시간 10분이 더 많다. 학습시간은 이렇게 높은 반면 수면과 봉사, 운동 시간은 6개국 중에서 가장 낮은 것으로 조사되었다. 삶의 만족도를 조사한 OECD의 결과에서도 우리나라 학생들의 순위가 가장 낮았다.

왜 그럴까? 따지고 보면 아이의 미래를 멀리 내다볼 줄 모르는 입시 위주의 공부와 자신이 이루지 못한 것을 아이를 통해 대리만족하고자 하는 거짓 모성 때문이다. 배움은 마라톤과 같다. 그것도 엄마가 아이 허리에 줄을 묶고 앞에서 달리는 것이 아니라, 아이 스스로 체력을 조절해가면서 42.195킬로미터를 혼자 힘으로 완주해야 한다.

대학은 더 큰 꿈을 만들어가는 곳이다

요즘 대학생들은 대학에 들어감과 동시에 '취업 5종 세트(어학연수, 공모전 수상, 인턴활동, 봉사활동, 자격증)'를 구비하느라 눈코 뜰 새 없이 바쁘다. 대학생활은 물론 전공 공부도 뒷전이다. 도서관에 가보면 학과 전공서적을 보는 학생은 시험기간에만 잠깐 볼 수 있을 뿐이고 대부분의 학생들이 영어시험이나 공무원시험 관련 책을 붙들고 있다.

현실이 이럴수록 부모들은 대학이라는 큰 숲에 대해 아이들에게 미리 알려줘야 하고, 기대감도 품게 해야 할 의무가 있다. 대학의 성격과 역할은 크게 세 가지로 소개할 수 있다.

대학은 학문 탐구의 장이다

대학은 하고 싶은 공부를 마음껏 하면서 젊은이답게 토론하고 논쟁할 수 있는 곳이다. 인류의 역사는 결국 젊은이의 외침을 통해 변화하고 발전했다는 사실을 알려주자. 대학은 방대한 학문과 진리를 탐구하는 곳이기에 깨닫는 것도, 얻는 것도 많아서 이전의 공부방식과는 다른 방식으로 공부한다는 객관적인 정보를 알려줄 필요가 있다.

대학은 자유와 책임이 동시에 존재하는 곳이다

대학생은 자유를 누리는 동시에 그에 따른 책임을 져야 한다. 최근에는 부모의 도움이 없으면 수강신청도 못하는 학생들도 많고, 자녀 대신 성적에 이의를 제기하는 부모들도 많다고 들었다. 대학생이 되어서까지 말끝마다 엄마 타령을 하는 학생들이 수두룩하다. 혼자 힘으로는 선택하고 결정하고 시도하지 못하는 학생들이 점점 늘어나고 있다. 내 몸 하나도 자유롭게 움직일 수 없는 사람이 어떻게 정의를 말하고 배려와 나눔을 실천하겠는가! 이런 현실에서 벗어나려면 부모들이 먼저 아이들을 믿고 자율성을 발휘하도록 기회를 주어야 한다. 동시에 책임을 부여하여 자기가 선택한 일에 최선을 다할 수 있게 해야 한다.

대학은 더 큰 꿈을 찾는 공간이다

대학은 단지 나 혼자 잘 먹고 잘 살기 위한 꿈을 넘어, 사회에 기여하는 꿈을 꿀 수 있는 공간이 되어야 한다. 나의 꿈이 세상을 변화시키고 발전시킬 수 있다는 자신감을 가진 젊은이들이 더 많아져야 한다. 그러기 위해서는 학과 공부만 가르치는 것이 아니라, 결국 공부도 더불어 잘 살기 위한 하나의 방편임을 깨닫게 하기 위해 인문학을 가르쳐야 한다. 세상을 향해 발을 내딛기 불안해하는 학생들을 격려하여 꿈의 여정을 시작할 수 있도록 안내하는 것도 부모의 역할이다.

여러 가지 이유로 대학의 학습풍토가 많이 바뀌었다. 취업이라는 현실적인 문제로 인해 대학생활을 짧게는 5년에서 길게는 7년까지 하는 경우도 비일비재하다. 누구나 똑같은 방법으로 스펙을 쌓고, 취업을 준비한다. 좋아하는 일이 다르고 잘하는 분야가 다른데 진로 앞에만 서면 왜 너 나 할 것 없이 같은 수험서적을 넘기며 경쟁 상대가 되어야 하는지 고민해볼 문제이다.

대학에 입학한 후에는 전공과 관련해 실제로 그 분야로 진출한 선배를 만나보거나 유사한 직업들에는 어떤 것들이 있는지 살펴보는 방법으로 자신의 더 큰 꿈을 위해 한 발짝 나아갈 수 있어야 한다.

직업은
절대로 꿈이 될 수 없다

21세가 된 건우는 최근에 그림을 그리기 시작했다. 예전부터 그림을 그리고 싶었지만 정식으로 배우기 시작한 것은 얼마 되지 않았다. 초등학교 때부터 그림 그리기를 좋아했지만 아무도 건우가 좋아하는 것에 관심을 주지 않았다. 대신에 "너도 아빠처럼 의사가 되어야 한다"는 말만 귀에 못이 박히게 들었다. 그래서 건우는 늘 장래희망이 의사라고 말했고, 열심히 공부해서 의대에 합격했다.

꿈은 명사가 아닌 동사다

그런데 의대 공부는 생각했던 것보다 힘들어 밤잠을 설치면서까지 공부해도 좋은 성적이 나오지 않았다. 힘들 때마다 건우는 의대에 합격했다고 기뻐하시던 부모님의 얼굴을 떠올렸다. 힘든 공부는 그럭저럭 견뎌낼 수 있었지만 타고난 성격까지는 어찌할 수가 없었다. 건우는 어느 날 자기가 어렸을 때 손가락을 베이거나 넘어져서 피가 나면 무서워서 울었던 기억이 떠올랐다. 그때부터 피를 많이 흘리는 환자를 보거나 수술실에 들어가게 되면 도망치고 싶은 생각이 간절해졌다.

그제서야 건우는 '나는 정말 의사가 되고 싶었을까?', '내가 언제부터 의사를 꿈꾸었지?' 하는 의문이 생겼다. 아무리 고민해도 답을 찾기 어려웠다. 건우가 내게 진로 코칭을 요청해온 것은 그 무렵이었다.

건우는 중학교 때까지 그림 그리기에 빠져있었다. 처음에는 친구 따라 미술학원에 갔다가 심심풀이로 그리기 시작했는데, 후에 선생님으로부터 본격적으로 그림을 그려보지 않겠느냐는 권유를 받았다. 게다가 홀랜드 직업적성검사 결과 탐구형과 예술형에서 높은 점수가 나왔다. 탐구형의 특징은 새로운 것을 창조하고 무언가에 집중하는 능력이 뛰어나다는 것이다. 그런 건우가 부모님의 뜻에 따라 의대에 들어간 것이다.

상담을 통해 건우는 다시 미술학원에 다니면서 그림을 그리기로 결정했다. 의대 수업만으로도 힘든 일상이었지만, 그림을 그릴 때는 밤을 새도 힘들지 않았다. 마침내 부모님께도 솔직하게 털어놓은 건우는 의대를 접고 다시 미술대학에 원서를 내려고 준비중이다.

직업에 대해 알지 못할 때 우리는 '동사'를 먼저 경험하고 좋아한다. '그림 그리기가 좋다', '로봇 조립하는 게 재미있다', '친구들과 모여 얘기하는 것이 재미있다'와 같이 말이다. 그런데 어른들은 아이가 좋아하고 잘하는 것을 보면 있는 그대로 인정하는 데서 멈추지 않는다.

"그림을 잘 그리는구나. 우리 아들 화가가 되어야겠구나!"

"로봇 조립을 잘하는 걸 보니 과학자가 되겠구나!"

"넌 말을 잘하니까 나중에 변호사가 되려무나."

이렇게 장래 직업으로까지 연결시켜야 직성이 풀린다.

직업은 절대로 꿈이 될 수 없다. 물론 꿈을 이야기하다 보면 자연스레 직업과 연결될 때도 있지만, 이제부터 아이들에게 꿈을 이야기할 때는 직업보다 원대하고 더 높은 가치를 지닌 것들을 이야기하도록 하자. 미래는 지금과 달리 여러 개의 직업을 동시에 가질 수 있는 시대가 될 것이기 때문이다.

꿈을 학습하는 사람 vs. 꿈을 발견하는 사람

부모의 바람에 따라 커서 당연히 의사가 되어야 한다고 생각한 건우처럼, 자신이 왜 그 일을 선택했는지도 모른 채 꿈을 학습한 사람들이 많다. 꿈을 학습한 사람들은 최고가 되어야 꿈을 이루었다고 생각하기 때문에 남들과의 경쟁을 피할 도리가 없다. 꿈을 학습한 사람에게 왜 열심히 뛰고 있느냐고 물으면 다음과 같은 대화가 이어진다.

"왜 그렇게 달리는 거죠?"

"최고가 되어야 하니까요."

"왜 최고가 되려고 하는데요?"

"최고가 되어야 행복하잖아요."

"그럼 지금 달리는 것도 행복한가요?"

"아뇨, 행복하지 않아요. 내가 달리는 것은 단지 경쟁에서 이겨야 하기 때문이에요."

"왜 이겨야 하는데요?"

"그래야 낙오자가 되지 않으니까요."

이번에는 자신의 꿈을 스스로 찾은 사람에게 물어보자.

"왜 그렇게 달리는 거죠?"

"행복하니까요."

"달리는 게 행복해요?"

"네, 달릴 수 있어서 너무 행복해요."

"그렇게 달리면 지치고 힘든 순간이 올 텐데요?"

"그땐 걸으면 되죠. 천천히 걸으면서 쉬다가 다시 달리면 돼요."

"그러면 뒤쪽에서 달려오던 사람이 당신을 앞지를 텐데요?"

"상관없어요. 나와 그 사람은 가고자 하는 결승점이 다르니까요."

아이가 인생의 어디쯤엔가 자신의 꿈을 묻어둔 채 남이 학습시킨 꿈을 향해 달리지 않도록 도와주자. 만약 그 시기를 지나쳐 어느 날 문득 그 꿈을 찾고 싶어한다면 용기 있게 달려보라고 독려해주는 것도 부모의 역할이다.

부모는 꿈꾸라 하고
학부모는 꿈꿀 시간을 주지 않는다

"부모는 멀리 보라 하고 학부모는 앞만 보라 합니다.

부모는 함께 가라 하고 학부모는 앞서 가라 합니다.

부모는 꿈을 꾸라 하고 학부모는 꿈꿀 시간을 주지 않습니다.

당신은 부모입니까? 학부모입니까?

부모의 모습으로 돌아가는 길, 참된 교육의 시작입니다."

무심코 흘려들을 수 없는 인상 깊은 공익광고의 카피이다. 가정은 사람이 태어나 가장 먼저 사회화가 이루어지는 곳이고, 사람은 부모를 통해 가장 큰 사랑을 배운다. 그런데 어찌된 일인지 요즘 가정은 제대로 된 사회적 기능을 수행하지 못하고, 부모는 사랑을 가르치는 사람이 아니라 피하는 게 상책인 잔소리꾼이 되어버렸다. 부모는 아이를 사람으로 양육해야 하는 본분을 잊고 오로지 학부모의 역할에 충실하여 학생으로 사육한다. 늘 아이 뒤를 따라다니면서 아이가 입고 먹고 자는 것은 기본이고 생각하고 선택하고 결정하고 행동하는 것 모두를 통제하고 지시한다.

학생으로 키워지는 아이들, 무엇이 문제일까?

자녀를 온전한 '한 사람'으로 키우는 것이 부모의 역할이라면 '학생'은 사람으로 완성되어가는 과정의 한 지점이라 할 수 있다. 따라서 부모의 역할은 완벽한 학생을 만드는 것이 아니라 학생 시기를 잘 통과하도록 도와 최종적으로 '사람다운 사람'으로 키워내는 것이다.

언젠가 중학교 2학년인 현우의 가방에 자물쇠가 걸려 있는 걸 보고 웃은 적이 있다. 그 안에 뭐가 들었기에 자물쇠를 채웠을까도 궁금했지만 자물쇠의 엄청난 크기에 웃음이 터졌다.

"현우야, 가방에 왜 이렇게 큰 자물쇠를 걸고 다니는 거야?"

"지금 시험기간이거든요. 이렇게 자물쇠를 걸어놓지 않으면 애들이 가방에서 선생님이 나눠준 프린트물이랑 제가 필기해놓은 교과서를 훔쳐가거든요."

전혀 예상치 못한 대답이라 깜짝 놀랐다. 그리고 얼마 지나지 않아 그 말이 사실이라는 것을 알았다. 마침 현우가 다니는 학교에서 학부모 특강을 할 기회가 있었는데, 시험기간이라 일찍 집에 가는 아이들을 볼 수 있었다. 현우처럼 대부분의 아이들 가방에 자물쇠가 달려 있었다. 어른들이 아이들을 '사람'이 아닌 그저 '학생'으로 키우고 있는 현실을 절묘하게 보여준 장면이 아닐까 생각한다.

요즘 서점에 나가보면 '상위 1%로 가는 공부법', '공부의 신 되는 학습법', '지금 하지 않으면 평생 후회하는 공부법' 등 학부모들의 호기심과 불안감을 부채질하는 제목의 책들을 많이 볼 수 있다. 너 나 할 것 없이 다들 1등 자녀로 키우겠다고 드니 그런 자극적인 제목의 책들이 쏟아져 나오는 것이다.

욕심을 버리고 사람 교육을 하는 부모가 되자. 사람이 사람다우려면 자라는 시기마다 '답게'를 배워야 한다. 유치원 때는 유치원생답게, 초등학교 때는 초등학생답게 말이다. 아이들이 자라면서 배우고 익혀야 하는 것들은 정해져 있다. 빠르게 배우느냐 느리게 배우느냐 차이가 있을 뿐이지 건너뛰어도 되는 것은 하나도 없다.

아이들이 어릴 때 가장 큰 흥미를 보이는 놀이는 소꿉놀이이다. 소꿉놀이 시기는 '흉내 내기 단계'라고 할 수 있는데, 신문 보고 담배 피우는 아빠와 주방에서 음식을 만드는 엄마를 흉내 낸다. 아이들이 조금 더 크면 어른인 척하고 싶어 한다. 여자아이는 화장을 하고 미니스커트를 입고 싶어하고, 남자아이는 근육이나 힘을 과시하고 무리지어 싸움을 벌이기도 한다. 이 시기를 지나 고등학생이 되면 '우뚝 서기 단계'로 들어간다. 이제 생각도 몸도 어른이 되었다고 생각해서 자기 힘으로 무엇이든 이루어보려고 한다. 이 무렵 학원을 끊고 스스로학습을 선택하는 아이도 있고, 학교가 끝나면 미용기술을 배우러 학원에 가는 아이도 있다. 또한, 가정형편이 어려운 경우에는 대학 진학 대신 취업 후 야간대학에 가겠다고 결정하는 아이도 있다. 이런 과정을 통해 아이들은 성장을 거듭해나 간다.

자녀교육의 최종목표, 우등생에 두지 마라

현명한 부모는 공부 잘하는 아이로 키우는 것을 자녀교육의 최종목표로 삼지 않는다. 우등생보다 사람다운 사람으로 자라는 것이 먼저라는 것을 잘 알고 있 기 때문이다. 학생이 아닌 사람으로 키우기 위해 부모들이 아이에게 가르쳐야 할 몇 가지가 있다.

타인과 더불어 사는 법을 가르쳐라

자기 생각만 고집하고 모든 걸 혼자 다하려는 태도를 버리고 다른 이와 생각 을 나누면서 더불어 살 수 있어야 한다. 교육과정이 바뀌면서 모둠활동 속에서 자신의 의견을 펼치고 의견을 조율하는 토론수업이나 모둠 구성원들과 협력하 는 수업이 늘어났다. 학교에서 이런 활동을 잘해내기 위해서는 먼저 가정에서 부터 대화하고 협력하는 법을 가르쳐야 한다. 가족행사나 가족의 중대한 일에 아이의 의견과 생각이 반영되도록 기회를 주는 것도 좋다.

타인의 마음을 읽는 법을 가르쳐라

자신의 생각을 잘 표현하는 것만큼 다른 사람의 감정을 잘 읽고 이해하는 것도 중요하다. 또한, 자신이 하는 말이나 행동을 다른 사람들이 어떻게 받아들일지를 생각할 수 있어야 한다. 교사가 학생을, 학생이 교사를, 학생이 친구를 있는 그대로 받아들이고 서로의 감정을 읽을 줄 아는 것이 중요하다는 인식이 높아지면서 '감정코칭'이란 말이 요즘 교육현장에서 많이 쓰이고 있다. '왜 저렇게 화가 났을까?', '내 말 때문에 기분이 상했나 보네', '싫어하는 것 같으니까 이 얘기는 그만해야겠다'와 같이 상대방의 기분과 감정을 읽어주는 마음이 필요하다. 그러기 위해서는 먼저 자신의 감정과 기분을 잘 표현할 줄 알아야 한다.

타인을 섬기는 법을 가르쳐라

요즘은 다른 사람을 섬기는 사람이 리더가 될 수 있다는 '서번트 리더십servant leadership'이 각광받고 있다. 다른 사람의 말을 경청하고 박수를 보낼 줄 아는 태도를 가르쳐야 하는 이유 가운데 하나다. 과거에는 카리스마 넘치는 강력한 리더를 원했지만 지금은 다른 사람을 배려하고 돕는 부드러운 리더를 원한다. 사람은 누구나 자신의 존재를 인정받고 싶어한다. 섬긴다는 말은 그 사람의 강점을 알고 발휘할 수 있도록 돕는다는 의미도 포함된다.

위의 사실을 통해 당신은 무엇을 느꼈는가? 일인기업이나 개인이 브랜드가 되는 시대라고 하지만 혼자서 되는 것은 사실 아무것도 없다. 그것이 타인과 소통하고 타인을 배려하고 타인을 존중하도록 키워야 하는 이유이다.

꿈을 품어라.
꿈이 없는 사람은 아무런 생명력도 없는 인형과 같다.

· 발타자르 그라시안 Balthasar Gracian ·

3장

꿈을
키우는 습관이
공부습관보다
중요하다

꿈을 키우는
습관을 만들어라

꿈을 갖는 것도 어렵지만 꿈을 이루는 일은 더더욱 어렵다. 하지만 오랫동안 꿈을 가슴에 품고, 꿈을 실현시키기 위해 세부적인 목표를 설정하고, 지금 해야 할 일을 하나씩 해나가다 보면 어느새 그 꿈에 도달하게 된다. 꿈을 품고 노력하는 사람에게는 언젠가 꿈을 이룰 수 있는 기회가 온다. 하지만 꿈을 꾸지 않는 사람은 자신이 잡아야 할 기회가 무엇인지도 분별해내지 못하고 기회가 주어져도 놓치고 만다.

멀리 보고 달리는 사람은 길을 잃지 않는다

구글Google 본사의 상무로 일하고 있는 김현유 씨에게는 어렸을 때부터 글로벌 기업에서 일하고 싶다는 꿈이 있었다. 특정 회사나 구체적인 직업을 목표로 정하지는 않았지만, 막연히 글로벌 기업에서 일하고 싶다는 마음 하나로 열심히 공부했다.

실리콘밸리의 IT회사인 구글에서 근무하고 있으니 당연히 그가 IT 관련 학과를 졸업했을 거라고 생각하겠지만, 놀랍게도 그는 역사학을 전공한 인문학도이다. 우리나라에서는 어느 대학의 무슨 과에 다닌다고 하면 그것이 인기학과인지 아닌지, 취업이 잘되는 학과인지 아닌지에만 관심을 쏟는다. 역사학과라고 하면 약속이라도 한듯 왜 하필 역사학과에 들어갔느냐며 남의 졸업 후 진로까지 걱정하며 쓸데없이 참견하는 사람들이 많다. 김현유 씨가 학과를 선택할 때도 역사학과는 낮은 취업률 때문에 선호도가 낮은 편이었다. 그런데 그의 생각은 남달랐다. 글로벌 기업은 세계를 무대로 하기 때문에 역사를 전공하는 것이 의미가 있다고 판단한 것이다.

대학에 들어간 후에도 그는 늘 자신을 성장시킬 수 있는 방법에 대해 고민했다. 요즘 대학생들은 대학에 입학하자마자 취업을 위한 스펙 쌓기에 열을 올린다. 모두들 취업이라는 하나의 목적지만 보면서 똑같은 코스를 달린다. 너도 나도 영어자격증 따기에 바쁘고, 이런 저런 공모전 정보를 얻느라 분주하다. 과거의 대학생활은 동아리 활동이 중심이었다 해도 과언이 아닌데, 요새는 마지못해 하나 정도 가입하는 수준이다. 그만큼 대학생들은 바쁘다.

스펙을 쌓는 것보다 실제 경험이 중요하다고 판단한 김현유 씨는 학생 인턴에 지원했다. 그는 15군데의 외국계 회사 대표에게 학생 인턴 프로그램에 지원하고 싶다는 내용의 편지를 써서 보냈고, 한 외국계 보험회사 전산팀 인턴사원으로 들어가는 데 성공했다. 하지만 막상 회사에 들어가니 그가 할 일이라곤 컴퓨터를 나르고 전선을 정리하는 등의 잡무밖에 없었다. 김현유 씨는 그에 실망하지 않고 자신의 강점인 뛰어난 사회성을 발휘해 사람들과 친분을 쌓고, 틈틈이 인터넷 사용법과 홈페이지 만드는 법을 배우면서 IT분야에 관심을 가지기 시작했다. 그 후 대학생활 4년에 걸쳐 네 개의 기업에서 학생 인턴활동을 하며 자신의 글로벌 비즈니스를 위한 로드맵을 만들었다. 국내 대기업에서 5년 정도 일한 다음 대학원을 미국으로 진학해서 글로벌 기업에 들어가겠다는 구체적인 목표를 설정한 것이다. 세부적인 목표를 세워 하나하나 성취해간 결과, 그는 마침내 글로벌 기업 구글의 상무가 되었다.

가슴에 꿈을 품은 사람은 삶의 순간순간이 행복하다. 생생하게 꿈꾸면서 현실에서 꿈을 이루고 싶다는 마음은 삶의 에너지가 되기 때문이다.

꿈의 지도를 가진 사람이 성공한다

'멀리 보고 달리면 길을 잃지 않는다'는 말이 있다. 길을 안내해주는 지도가 있으면 더욱 좋을 것이다. 현실과 동떨어진 계획을 세우면 아무것도 이룰 수 없고, 그 계획은 그저 허무맹랑한 꿈이 되고 만다. 하지만 꿈의 지도를 만들어 작은 것부터 실천해가는 사람은 큰 꿈도 이뤄낼 수 있다.

꿈은 자신만의 방식으로 스스로 만들어가야 한다. 남들과 똑같은 스펙을 쌓으면서 앞만 보고 달리는 사람은 꿈을 이루기 힘들다. 기업도 이제는 모든 사람이 가지고 있는 스펙에는 관심을 보이지 않는다. 요즘은 그물을 던져 물고기를 잡듯이 직원을 채용하는 경우는 거의 없다. 기업은 자신만의 이야기가 있는 사람을 원하고, 업무능력보다 인성을 갖춘 사람에게 후한 점수를 준다. 또한, 자기가 가진 잠재력을 최대한 발휘하기 위해 노력하는 사람을 원한다. 이것이 기업과 미래가 요구하는 변화된 인재상이라 할 수 있다.

꿈을 키우기 위한 3단계는 다음과 같다.

1. 꿈을 시각화시킨다

눈길 닿는 곳마다 꿈이 보이게 한다. 가령, 남에게 많은 것을 베푸는 CEO가 되고 싶다면 봉사활동을 하는 CEO 사진에 자기 얼굴을 붙여 넣어 자주 볼 수 있는 곳에 붙인다. 꿈을 구체적으로 생생하게 그리는 것은 꿈꾸는 사람들의 공통된 습관이다. 생생하게 꿈꾸는 것이야말로 꿈을 현실화시키는 공식이라 할 수 있다.

2. 꿈을 실현하기 위해 지금의 목표를 이루어낸다

꿈을 시각화하는 작업을 마친 뒤에는 실천할 목표를 세운다. 목표는 현실에서 꾸는 단기적인 꿈이라고 할 수 있다. 따라서 막연하고 대단한 계획이 아니라 오늘 당장 시작할 수 있는 것이어야 한다. 그래서 크게는 한 학년, 한 학기의 목표가 있어야 하고, 작게는 하루의 목표가 필요하다. 오늘 하루의 목표를 정하면 우선순위를 따져 해야 할 일부터 처리하는 습관을 들어야 한다. 그리고 하루에도 몇 번씩 "나는 지금 무엇을 해야 하는가?"라고 질문하면서 자신을 설득해야 한다. 꿈이 있다고 말하면서 현실에서 이루는 것 하나 없이 시간을 보내고 있다면 그것은 허황된 꿈에 불과하다.

3. 꿈을 주변 사람들에게 선언한다

"나는 박지성 선수 같은 축구선수가 될 것이다."

"나는 전 세계를 누비는 유엔사무총장이 될 것이다."

"나는 실력파 아이돌 가수가 될 것이다."

이렇게 자신의 꿈을 선언하는 습관을 들이자. 그것도 많은 사람에게 선언할수록 좋다. 사람들에게 꿈을 선언하게 되면 여러 사람을 통해 다양하고 새로운 정보를 얻을 수 있고, 도움을 주고받을 수 있는 관계의 고리도 만들 수 있다.

내게 진로 코칭을 받은 학생 중에 이탈리아에 가서 요리 공부를 하겠다는 아이가 있었다. 어려서부터 요리사가 되는 것이 꿈이었는데 "남자가 무슨 요리사니?"라는 말을 많이 들었다고 했다. 나는 그 아이를 만날 때마다 하고 싶은 일을 선언하는 것이 중요하다고 강조했는데, 마침내 자신의 꿈을 주위 사람들에게 선언하고 나섰다. 마침 엄마의 친구 중 한 분이 이탈리아에서 악기 만드는 학교에 입학하게 되었다. 꿈 선언을 들었던 엄마 친구의 소개로 아이는 자신의 꿈을 실현하기 위해 이탈리아의 요리학교로 떠날 수 있었다.

지금 우리가 살고 있는 세상은 누구에게나 정보가 열려있고, 만나본 적 없는 사람과도 쉽게 친분을 쌓을 수 있다. 그래서 전혀 예상치 못한 사람에게서 도움을 얻기도 한다.

가슴에 품은 꿈을 현실로 이룰 수 있다고 생각하도록 아이의 눈길이 닿는 곳에 꿈의 갤러리를 함께 만들어보자. 오늘 해야 할 일을 성실히 해나가도록 이끌어주고, 꿈을 말로 선언하는 습관도 들여주자.

자신감은 자존감을 키우고,
자존감은 꿈을 키운다

내 수첩 맨 앞장에는 올해 이루어야 할 행동목표 50가지가 적혀 있다. '이상목표'가 아니라 '행동목표'이기 때문에 아주 구체적이고 사소한 것들이다. 아침에 일어나자마자 물 마시기부터 자격증 취득에 이르기까지 올해 반드시 이루고 싶은 목표들이 세세하게 적혀 있다. 이런 '행동목표 리스트'를 작성하기 시작한 지는 5년 정도 된다. 해마다 새해 첫날이면 우리 가족은 다 같이 둘러앉아서 각자의 목표를 적고 지장을 찍는 의식을 치른다. 이 일을 시작한 이유는 머릿속으로 생각만 하는 것보다 글로 적는 것이 선언의 효과가 크고, 선언하고 나면 실천

의지가 더 뚜렷해지는 것을 깨달았기 때문이다.

1년 장기계획을 세우고 나면 분기별 목표가 따라붙는다. 분기별 목표가 만들어지면 월별, 일별 단기목표를 세운다. 세세한 행동목표를 세우고 실천해보니 1년 장기계획을 성취하는 데 매우 효과적이었다. 해가 거듭될수록 행동목표 리스트를 만들고 실천하는 습관은 우리 가족을 성장시켜주고 있다.

"넌 반드시 훌륭한 인물이 될 거야!"

우리가 중요하다고 생각하는 삶의 많은 가치들은 부모님이 강조해왔던 가치들과 대부분 일치한다. 예를 들어 부모님으로부터 "정직한 삶을 살아야 한다"는 말을 들으면서 자란 사람에게 가장 가치 있는 삶에 대해 물으면 '정직한 삶'이라고 답할 가능성이 크다. 어려서는 부모님의 말씀을 잔소리로 생각하는 사람들이 많지만 시간이 흐르면 어느덧 삶의 중요한 가치로 내재되어 있다.

천재 과학자 알베르트 아인슈타인은 발육이 늦은 데다 세 살이 될 때까지 말도 제대로 하지 못해 부모는 아이에게 문제가 있는 게 아닐까 걱정했다. 초등학교에 들어가서도 행동이 굼뜨고 공부에도 흥미가 없어 성적은 늘 부진했다. 학교 선생님이 생활기록부에 '이런 상태로는 도저히 학교생활을 계속하기 어렵다'라고 기록했다니, 그 정도를 미루어 짐작할 수 있다. 믿기 어렵지만 대학에 입학할 때까지도 천재의 기미는 털끝만큼도 보이지 않았다. 취리히 공과대학도 재수 끝에 입학했다. 그런데 아인슈타인의 어머니는 늘 이렇게 말했다.

"너는 남들과 다르기 때문에 반드시 훌륭한 인물이 될 거야. 남들과 같은 사람은 훌륭한 인물이 될 수 없는 법이란다."

어머니는 아인슈타인에게 변함없는 믿음을 주었고, 그 믿음은 훗날 현실이 되었다.

아이들을 가장 많이 지지해줄 수 있는 사람은 가족, 특히 부모이다. 그런데 부모에게서 늘 "넌 왜 알려줘도 이해를 못하니?", "대체 넌 뭐가 되려고 그러니?", "내 그럴 줄 알았다. 네가 하는 게 다 그렇지 뭐"와 같은 부정적인 말을 듣고 자란 아이들은 자신에 대해 부정적인 생각이 자리잡게 되고, 부모가 자신을 불신한다는 생각에 사로잡히게 된다. 부정적인 생각이 가득한 아이들은 자신에 대한 믿음이 없으며, 매사에 의욕이 없고, 하고 싶은 것 자체가 없다.

아이의 자존감을 키워라

얼마 전 진로 수업시간에 아이들에게 자신의 꿈에 대해 적어보라고 했다. 말이 떨어지기가 무섭게 "뭘 적어야 되는데요?", "안 적어도 되죠?", "저는 꿈이 없는데요" 등 질문이 쏟아졌다. 평소 꿈에 대해 고민해보지 않은 아이들에게는 무리한 요구였던 것이다. 집에서고 학교에서고 늘 공부에 쫓기는 아이들은 자신의 꿈은 물론이고 친구들의 꿈에도 관심을 줄 여유가 없다.

꿈은 미래의 이야기다. 따라서 아이들이 늘 꿈을 꾸게 하는 게 옳다. 그렇다고 아이에게 "너는 왜 꿈을 꾸지 않니?"라는 말로 스트레스를 줘서는 안 된다.

무조건 공부만 열심히 하면 무엇이든 할 수 있었던 시대는 지났다. 이제껏 꿈에 대한 대화보다 공부하라는 잔소리를 훨씬 더 많이 했다면 아이와 마주앉아 꿈을 이야기해보자.

장차 꿈을 이루려면 자신에게 긍정적이고, 스스로를 채찍질할 수 있는 사람으로 키워야 한다. 그러려면 스스로 무언가를 이룬 성취감과 함께 거듭되는 시행착오가 필요하다. 스스로 성취한 것에는 "잘했어!"라고 칭찬하고, 무엇인가 시도해보고 시행착오를 겪을 때는 "열심히 했어. 이 정도면 잘한 거야. 다음번에는 똑같은 실수를 하지 않도록 하자"라고 자신을 격려할 수 있어야 한다.

흔들리지 않고 피는 꽃이 어디 있으며, 맞지 않고 승리하는 복서가 어디 있겠는가. 자존감은 실수와 역경을 이겨내는 과정을 통해 생겨난다.

자존감은 자신을 존중하는 힘이다. 자존감이 있어야 세상의 풍파에 휩쓸리지 않는다. 나 자신을 있는 그대로 인정하고 나를 살게 하는 힘인 자존감을 키우려면 몇 개의 단계를 거쳐야 한다.

1단계 : 목표를 세우고 반복해서 실천하기

무엇을 새로 시작할 때는 작은 것부터 시작하자. 사흘에 한 번씩 마음을 고쳐먹는다는 각오로 반복해서 연습하고 반복해서 실천하자. 반복해서 실천하다 보면 어느새 그 일에 능숙해져 있을 것이다.

2단계 : 목표 달성으로 인한 성취감 맛보기

작은 목표라도 자신과 약속을 하고, 그 약속을 실천하고 나면 성취감이라는 대가가 생긴다. 성취감을 맛본 사람은 덤으로 열정이 생겨 더 큰 것에 도전할 수 있다는 자신감과 에너지가 생긴다.

3단계 : 더 큰 과제에 도전하기

작은 성취감들이 쌓여서 자신감이 생기고, 더 큰 목표에 도전하는 것이 더는 겁나지 않게 되면 도전하고 싶은 일들이 많아진다. 이 단계에서는 도전과제에 순서를 매기기 시작하고, 힘들고 어려운 과제에도 도전해보고 싶은 마음이 생긴다.

4단계 : 스스로를 믿는 자신감 얻기

1단계부터 3단계까지를 반복하다 보면 도전에 익숙해지고, 드디어 자신감이라는 메달을 손에 쥐게 된다. 그래서 어떤 문제가 벌어져도 '나는 할 수 있어', '내가 하면 가능해'라는 믿음이 생겨 스스로 문제를 해결해나간다.

5단계 : 자신을 사랑하는 자존감 획득하기

이 모든 단계를 거치고 나면 비로소 자존감을 얻게 된다. 세상에 아무 이유도 없이, 어떤 노력도 없이 저절로 이루어지는 일은 없다. 다른 사람의 도움 없이 무언가를 해내게 되면 자신에 대한 믿음이 생기고, 이 자신감은 자기 자신을 사랑할 수 있는 밑바탕이 된다.

어떤 사람이 좋아지려면 그 사람과 많은 세월을 함께하면서 여러 면을 지켜보아야 한다. 자신에게도 마찬가지다. 내가 나여서 행복하려면 자기 자신과 많이 대면하고 부딪쳐야 한다. 나는 무엇을 잘하고 무엇을 어려워하는지, 힘이 날 때는 언제이고 열정이 식을 때는 언제인지 자신의 내면과 많은 이야기를 주고받아야 한다. 스스로 생각하고 행동하는 문제해결능력을 길러주지 않고 그저 어른들이 시키는 대로 하는 아이로 키워서는 안 된다. 그런 아이는 몸만 자라고 마음은 자라지 않는 '어른 아이'가 되고 만다.

누구나 타고난
지능은 있다

언젠가 TV에서 깃발을 하나 꽂아두고 데이트권을 얻기 위해 여러 사람이 달리기 경주를 하는 장면을 본 적이 있다. 처음에 잘 달리다가도 마지막에 넘어지면 데이트 선택권은 날아가고 만다. 또, 달리기에 소질이 없는 사람은 아무리 열심히 뛰어도 데이트권을 차지할 수 없다. 하지만 이 규칙을 불공평하다고 생각하는 사람은 없다. 처음부터 깃발을 뽑아든 사람이 데이트권을 갖는다는 원칙에 합의했기 때문이다.

우리나라의 학교 상황도 이와 크게 다르지 않다. 성적 하나로 줄 세우기에 여념이 없기 때문이다. 특히 IQ에 대한 부모들의 신뢰도는 가히 맹목적인 수준이어서 성적보다 진로가 중요하다고 아무리 강조해도 귓등으로도 듣지 않는다.

부모들은 아이가 어릴 적부터 IQ를 궁금해한다. 그리고 IQ 테스트를 해서 그 결과가 높게 나오면 공부를 잘할 것이라고 확신한다. IQ에 대한 믿음이 얼마나 강한지 IQ는 높은데 아이가 공부에 흥미를 보이지 않아도 쉽사리 미련을 버리지 못한다. IQ가 높으니 언젠가 하려는 마음이 생기면 조금 늦게 시작해도 얼마든지 따라잡을 수 있다고 믿기 때문이다.

아이의 지능, IQ가 전부는 아니다

앞서도 언급한 가드너 박사의 '다중지능이론'은 아이들의 진로교육이나 학교 교육에 새로운 방향을 제시한다. 가드너 박사는 "지능은 학습, 문제해결, 인생을 창조하기 위한 도구"라고 정의한다. 그리고 사람은 IQ만이 아니라 9가지의 다양한 지능을 타고 나며, 이 지능은 서로 독립적이지만 발현될 때에는 서로 교류, 조합한다고 주장한다.

우리나라의 교육은 9가지 지능 중에서 특히 언어지능과 수학지능을 중시한다. 그런데 학업과 관련이 깊은 이 두 개의 지능이 낮다는 이유로 낙담하게 되면 다른 뛰어난 지능을 발견하지 못한 채 살아갈 가능성이 크다. 지금 이 순간에도 타고난 지능이 아무도 모르게 소멸되고 있는 아이가 있을지 모른다. 그런 안타까운 일을 막기 위해서라도 어른들이 먼저 아이가 타고난 지능을 발견해내야 한다.

가드너 박사가 분류한 9가지 지능의 내용과 각각의 지능이 뛰어난 사람이 보이는 특징에 대해 알아보자.

언어지능

복잡한 의미도 쉽게 풀어 설명할 줄 아는 능력이다. 언어지능이 높은 사람은 같은 말을 하더라도 귀에 쏙쏙 들어오게 전달하며, 단순히 말을 잘하는 수준을 넘어 뛰어난 사고능력을 가지고 있다. 그들 중에는 작가, 시인, 강사, 저널리스트와 같은 직업을 가진 사람들이 많다. 개그 프로그램을 보고 흉내 내기를 좋아하고 사람들을 웃기는 재능이 있는 아이는 대인관계지능과 언어지능이 높다고 할 수 있다.

논리수학지능

계산이나 정량화하는 측정 작업을 좋아하고 가설을 세우거나 복잡한 수학적 기능을 잘 수행하는 능력이다. 과학자, 회계사, 엔지니어, 컴퓨터 프로그래머들이 두각을 나타내는 지능이다. 논리수학지능이 높은 아이들은 이해되지 않는 문제가 있으며 끊임없이 질문을 던지고, 시간에 따른 변화를 정확하게 인식해낸다. 비슷하거나 다른 부분을 정확하게 찾아내며, 서술형·논술형 문제를 어려워하는 경향이 있다. 이런 아이들이 어려워하는 문제에 흥미를 가지게 하려면 문제를 부호화하고 정렬하면 된다.

음악지능

멜로디와 리듬으로 지각하고 표현하는 능력이다. 과거에 노래를 잘하고 악기를 잘 다루는 사람들을 '쟁이' 혹은 '꾼'이라고 불렀는데, 이런 사람들은 음악지능이 높다고 할 수 있다. 음악지능이 뛰어난 사람들은 자기성찰지능이나 신체운동지능도 뛰어난 경우가 많다. 하나의 지능은 하나의 지능으로만 기능하는 것이 아니라 다른 지능들과 함께 교류한다.

신체운동지능

몸짓이나 동작 등에 민감한 능력이다. 신체운동지능이 뛰어난 사람은 외부자극에 대해 신체적으로 정확한 반응을 보인다. 또한, 뛰어난 균형감각이나 정확한 움직임을 통해 자신이 표현하고자 하는 바를 신체적으로 잘 표현한다. 춤이나 운동, 연기를 배울 때 다른 사람보다 빠르게 습득하고, 배운 것 이상으로 자기만의 새로운 신체적 표현을 창조해낸다.

공간지능

도형이나 그림, 지도 등의 상징을 잘 활용할 수 있는 능력이다. 공간지능이 뛰어난 아이는 공부하라고 방에 들여보내도 책상을 정리하거나 책꽂이를 옮기거나 포스터를 여기저기 옮겨 붙이곤 해서 정서불안이 아닐까 의심을 사기도 한다. 한 달이 멀다 하고 가구 배치를 새로 하거나 물건의 위치를 자주 바꾸는 사람들도 공간지능이 높다고 판단할 수 있다. 공간지능은 방향감각과 형태를 지각하는 능력, 변형하는 능력과 관계가 깊다. 또, 색채감각과도 관련이 깊어 색을 바꾸거나 혼합해서 다른 색을 만드는 능력이 뛰어나다. 21세기에 들어와 시각매체가 생활 전반에서 큰 영역을 차지하게 되면서 관련 학과나 직업이 많아져 공간지능의 중요성이 점점 커지고 있다.

인간친화지능

남을 잘 이해하고 사귀는 능력으로, 원만한 인간관계 형성과 유지를 위한 기본 토대가 된다. 집에 친구들을 자주 데리고 오거나 형제들의 친구들과도 서슴없이 잘 어울리는 아이들은 인간친화지능이 높은 아이라고 판단할 수 있다. 또한, 다른 사람의 감정과 의도를 잘 헤아리는 동시에 자신의 감정과 의도를 전달하는 능력도 뛰어나다. 타고난 공감능력으로 인간관계에 문제가 생겼을 때 다른 사람은 눈치 채지 못하는 민감한 부분을 알아채고 화해시키는 역할을 해서 조직생활을 할 때 반드시 필요한 지능이다. 아무리 실력이 뛰어나고 가진 재능이 많은 사람이라도 인간친화지능이 부족하면 이 시대가 요구하는 인재가 되기 어렵다.

자기성찰지능

자신이 무엇을 좋아하고 무엇을 잘하는지, 자신을 객관적으로 분석하면서 자기 자신을 이해하고 파악하는 능력과 관련된 지능이다. 이 지능이 뛰어난 사람은 자신의 욕구와 결핍을 잘 알아 자신에게 있는 다른 지능을 긍정적으로 개발해낸다. 실제로 김연아, 박지성, 박태환 선수의 경우에 신체운동지능, 공간지능과 더불어 자기성찰지능이 발달되어 있는 것으로 나타났다. 자기성찰지능을 높이려면 자신의 감정을 파악하고 분석할 수 있도록 부모가 아이의 감정을 인정해주어 밖으로 드러내게 도와야 한다.

자연친화지능

동물, 식물, 지구, 천체, 환경보존 같은 자연현상에 관심을 가지고 탐구하는 능력이다. 자연친화지능이 발달된 아이들은 동물과 식물에 관심이 많아 외부활동을 좋아하고, 외부활동 속에서 정보를 받아들이는 지능이 높다고 알려져 있다. 이 지능은 동물학자, 식물학자, 천문학자, 생태학자, 해양학자 등에게서 높게 나타난다.

실존지능

내가 왜 태어났는지, 무엇을 위해 살 것인지, 진정한 행복은 무엇인지와 같은 인류애적인 고민과 실존적인 문제에 대해 생각하는 능력이다. 실존지능은 다른 지능을 향상시키는 데도 큰 역할을 한다. 자기이해지능과 달리 존재에 대한 근본적인 질문을 하는 인간의 성향에 기반을 두며, '사람은 무엇으로 사는가?', '사랑이란 무엇인가?'와 같이 쉽게 답할 수 없는 철학적 질문을 자신에게 던진다. 이런 질문들은 과학이나 사람의 지식으로 해결할 수 없기에 창조적이라 할 수 있고, 예측하기 어려운 시대를 헤쳐 나갈 수 있는 힘이 되는 지능이다.

과거가 IQ라는 깃발 하나를 꽂아놓고 달리기에서 1등 하는 사람만이 이기는 시대였다면 지금은 여러 개의 깃발을 꽂아놓고 자신이 원하는 깃발을 집어 드는 시대이다. 따라서 이 시대에 중요한 것은 경쟁보다 자신을 성찰하고 이해하는 능력이다. 우리 어른들은 부모로서, 교육자로서 아이들이 타고난 지능을 발견하지 못하고 썩히는 잘못을 범하지 않도록 아이의 특성과 다름을 인정해주고 예의주시해야 한다.

"나도 한번 해볼까?"를
습관으로 만들어라

세상 그 무엇도 저절로 만들어지고 이루어지는 것은 없다. 가치 있는 일일수록 더더욱 그렇다.

어린아이가 처음 뒤집기에 성공했을 때를 떠올려보자. 돌아눕기 위해 오랜 시간 얼마나 많은 땀을 흘리면서 애를 썼는지 엄마들은 기억하고 있을 것이다. 또, 아이들이 걸음마를 배우고 첫 걸음마를 내딛었을 때를 기억해보자. 아슬아슬하게 뒤뚱거리면서 넘어진 횟수는 이루 헤아릴 수가 없을 정도다. 이와 마찬가지로 대가 없이 얻을 수 있는 것은 세상에 없다.

노력은 결코 배신하지 않는다

'일만 시간의 법칙'은 하루에 3시간씩 10년이라는 시간을 투자하면 그 분야에서 경지에 이른다는 것이다. 그렇다면 그 시간을 하루에 6시간씩 해서 5년으로 단축할 수도 있을까? 유감스럽게도 그것은 안 된다. 여기서 일만 시간은 단순히 산술적인 계산이 아니라 노력하는 사람에게 대가가 주어진다는 의미를 담고 있다. 만화가 이현세 씨는 다음과 같이 말했다.

"만화가 지망생들은 누구나 그림을 잘 그리고 싶어한다. 그림을 잘 그리기 위한 노하우를 하나 알려주면, 하루에 크로키를 10장씩만 하면 된다. 그렇게 1년을 그리면 3,500장이 되고 10년이면 3만 5,000장의 포즈를 잡게 된다. 그 3만 5,000장의 그림에는 온갖 종류의 인간의 자세와 패션과 풍경이 담길 것이다. 결국 이 세상에서 그려보지 않은 것이 거의 없게 된다는 말이다."

야구선수 이승엽의 좌우명은 '혼이 담긴 진정한 노력은 결코 배신하지 않는다'라고 한다. 그런 마음으로 노력을 했기에 '아시아 홈런왕'이라는 수식어를 가지게 되었을 것이다. 그가 야구선수로서는 마지막이 될지 모르는 경기를 앞두고 한 인터뷰를 보고 나는 큰 감동을 받았다. 이승엽은 그 경기의 목표를 '기적'이라고 말했다. 수치상으로 낼 수 있는 최상의 기록에 도달하고 나면 기적이 목표가 되기도 하는구나라는 생각이 들었다. 그렇게 생각하니 사람이 한계를 짓지 않으면 기적을 이룰 수 있다는 생각에 가슴이 뛰기 시작했다.

대한민국을 세계에 알린 우리나라의 비보이들은 또 어떤가. 언젠가부터 지하철역에 삼삼오오 모여 음악을 틀어놓고 대중 앞에서 자신들의 존재를 드러내기 시작한 비보이들이 있었는데, 그들이 세계대회에 출전하여 연속우승을 거머쥐었다. 상을 타기 전에도, 상을 타고 난 후에도 그들은 매일같이 연습했다. 그들에게는 사람들의 손가락질 따위는 중요하지 않았다. 오직 자신들이 좋아하는 일에 최선을 다하면서 그 일을 즐겼다.

'미쳐야 미친다'는 말이 있다. 우리는 대부분 돈을 벌기 위해 일을 한다. 하지만 그들은 자신이 원하는 일을 미친 듯이 열심히 했다. 그 결과 개인적인 성공은 물론이고 대한민국을 세계에 알리는 역할까지 할 수 있었다.

습관의 차이가 인생을 바꾼다

지난한 노력에는 반드시 보상이 따른다. 실패 앞에 굴복하지 않고 반복해서 노력하는 사람들은 자신의 노력을 일로 생각하지 않는다. 에디슨이 발명을 일로 여겼다면 수많은 시행착오를 이겨내지 못했을 것이고, 김연아 선수가 스케이팅을 일로 생각했다면 연습과정에서 얻은 수많은 부상을 견뎌내지 못했을 것이다. 그것은 특정한 사람들에게나 해당되는 말이지 우리 같이 평범한 사람들과는 거리가 먼 이야기라고 생각하는가? 그렇다면 당신은 자신이 진정으로 원하는 것을 하지 못하고 사회나 부모의 요구와 명령대로 살아가는 인생밖에 살지 못할 것이다.

생각을 바꾸면 모든 사람에게 무한한 가능성이 열린다. '나는 절대 못해'라고 생각하는 사람이 있는 반면 '나도 한번 도전해볼까?'라고 생각하는 사람이 있다. 바로 그 생각의 차이가 습관의 차이를 만들고 그 차이가 사람의 인생을 바꾼다. 좋은 것이든 나쁜 것이든 습관을 만드는 것은 우리 자신이다.

가끔 아이가 아무것도 하기 싫어한다면서 어떻게 해야 할지 모르겠다고 하소연하는 엄마들이 있다. 아이들이 그렇게 된 이유는 부모가 아이의 습관을 만들어야 할 결정적인 시기를 놓쳤기 때문이다. 해야 할 일을 미루거나 무엇을 해야 할지 몰라 멍하니 있으면 무기력해지고, 무기력함이 지속되면 습관으로 굳어지게 되어 있다. 그러므로 아이들에게 나쁜 것보다 좋은 것을, 불가능하다는 생각보다 가능하다는 생각을 심어주어야 한다. 그러기 위해서는 부모가 먼저 부정적인 말보다 긍정적인 말을 많이 하고, 좋은 습관을 본보기로 보여주어야 한다.

꿈을 찾으면
공부할 이유가 생긴다

공부하라는 부모의 말에 "공부는 왜 해야 하는데요?"라고 묻는 아이들이 많다. 초등학생은 공부하기 싫다고 떼쓰면서 물어보고, 중학생은 볼멘소리로 물어보며, 고등학생은 도통 이해할 수 없다는 표정으로 묻는다. 당신은 아이가 이렇게 물었을 때 어떻게 대답하는 부모인가?

그러고 보면 모두들 공부하라고 성화하면서도 정작 공부를 해야 하는 이유에 대해 제대로 가르쳐주는 부모는 거의 없다. 만약 당신의 아이가 왜 공부를 해야 하느냐고 묻는다면 어떻게 대답하겠는가? 답이 잘 떠오르지 않는다면 자신의 학창시절을 떠올려보자.

언젠가 우리집 아이도 왜 공부를 해야 하느냐고 물은 적이 있다. 그때 나는 이렇게 대답해줬다.

"지금 당장은 커서 뭘 하고 싶은지도 모르겠고, 딱히 하고 싶은 것이 없을 수도 있어. 그리고 공부를 왜 해야 하는지도 모를 수 있지. 그런데 네가 조금 더 자라면 꿈이 생기고, 가고 싶은 학교나 학과가 생길 거야. 그런데 그때까지 공부를 대충 한다면 네가 가고 싶은 학교를 못 가거나 하고 싶은 일을 못하게 될 수 있어. 기회가 와도 기회를 내 것으로 만들 수 없게 되지. 그래서 공부를 해야 하는 거란다."

아이에게 충분한 대답이 되지 않았을 수도 있지만, 무조건 공부하라고 말하는 것보다 엄마 아빠의 이야기가 설득력 있게 들릴 수 있다.

목표와 방향을 먼저 찾아라

내게 학습코칭을 받았던 상욱이는 공부를 정말 싫어하는 아이였다. 코칭을 받으면서노 노동 싱직에 괸심을 보이지 않았다. 그랬던 아이가 지금은 학원도 다니지 않고 혼자서 열심히 공부하는 아이가 되었다. 상욱이가 공부에 열을 올리게 된 결정적인 계기는 중학교 3학년 때의 수학여행이었다.

아이들을 몰고 다니고 장난도 심했던 상욱이는 선생님들에게 첫날부터 줄곧 주의를 받았다. 어느 날 밤, 배가 출출해졌을 즈음 상욱이는 각 반 회장들에게 문자를 보내 단체로 음식을 시켜먹자는 의견을 내놓았다. 회장들은 선생님들에게 들킬 거라고 만류했지만 상욱이는 걱정 말라면서 각 반마다 먹고 싶은 음식을 조사해서 알려달라고 한 뒤에 돈을 걷어 배달을 시켰다. 수학여행에서 그게 가능한 일인지 의문이 생기겠지만 요즘은 스마트폰이 있어서 그 지역의 맛집은 물론이고 빨리 배달되는 음식점까지 다 알아낼 수 있다.

상욱이는 무려 열두 개 학급의 의견을 모아 음식을 주문했는데 선생님한테 들킬 것을 우려해 배달 장소를 모두 다르게 지정했다. 피자는 출입구, 치킨은 1층 로비 앞, 그 외 음식은 식당 앞으로 가져다 달라는 식으로 일일이 장소를 지정해서 음식을 받아 각 반에 나누어 전달했다. 그리고 신나게 웃고 떠들면서 음식을 나눠 먹고 아무 일 없었다는 듯이 잠을 청했다.

수학여행에서 돌아온 상욱이의 모험담을 들은 나는 적잖게 놀랐다.

"어떻게 그런 생각을 했니? 그건 정말 아무나 할 수 있는 일이 아니야. 네 덕분에 친구들은 즐거운 수학여행 추억을 갖게 됐구나. 마음은 있어도 그 생각을 행동에 옮기기는 쉽지 않지. 그런데 직접 배달 음식점을 알아보고 선생님 몰래 먹는 것까지 성공했다니 정말 대단한데? 넌 다른 사람들의 마음을 잘 헤아리는 데다 번뜩이는 아이디어까지 있으니 많은 사람들을 거느리는 기업의 CEO가 되면 정말 잘할 것 같다."

그런 얘기를 주고 받은 지 2주일 정도 지났을 즈음에 상욱이가 물었다.

"선생님, 경영을 하려면 어떤 공부를 해야 돼요?"

"경영을 하려면 경영학을 공부해야지."

상욱이와 나는 그때부터 경영학을 공부하면 할 수 있는 일이 무엇인지부터 찾아보기 시작했다. 그 과정에서 자연스럽게 각 대학의 경영학과에 입학할 수 있는 점수도 알게 되었다. 상욱이가 열심히 공부하기 시작한 것은 그 즈음부터다. 뒤처져 있던 수학 성적을 올리기 위해 하루에 두 시간씩은 무조건 수학 공부를 하겠다는 계획을 세워 나를 놀래키기도 했다.

공부법보다 공부하는 이유가 중요하다

상욱이에게는 사람들을 설득하고 자기 생각을 잘 전달할 수 있는 언어지능과 사람들과 어울리기를 좋아하는 인간친화지능이 있다고 볼 수 있다. 신체운동지능 또한 발달되어 있을 거라고 짐작되는데, 이렇게 유전적·환경적으로 좀 더 두각을 나타내는 지능이 있기도 하고, 자신에게 그런 지능이 있다는 사실을 모른 채 지나치는 지능도 있다. 상욱이는 자신이 진짜 잘할 수 있는 일을 우연한 기회에 알게 되었지만, 꿈은 그런 자신의 강점을 알아주는 타인의 도움으로 가지게 되었다. 물론 중간에 꿈의 방향을 바꿀 수 있다. 하지만 여기서 중요한 것은 아이가 스스로 공부할 이유를 찾았다는 것이다. 꿈을 이루기 위해 공부를 하게 된 아이들은 가야 할 방향과 목표가 뚜렷하기 때문에 인내심과 끈기도 돋보인다.

서점에 나가 보면 성적을 올려주는 마법의 학습법부터 노트 필기법, 공부기술에 관련된 책들이 수도 없이 많다. 그럴듯한 제목이 붙은 그 책들만 보면 금세 성적이 뛰어오를 것만 같다. 하지만 그 책들을 따라 해봐도 성적은 잘 오르지 않는다. 가장 중요한 공부를 해야 하는 이유를 찾는 방법은 없고 공부법만 가득하기 때문이다. 공부를 해야 하는 이유는 찾지 않고 공부법에 관한 책만 섭렵하면 공부를 잘할 수 있을 것이라는 생각은 큰 착각이다. 물론 공부를 잘하기 위해 나만의 공부법을 찾고 공부습관을 만드는 것도 중요하다. 하지만 그보다 중요한 것은 내가 공부해야 하는 이유를 찾는 것이다.

칭찬과 질문만 잘해도
사고습관이 바뀐다

　미래를 바라보는 부모의 안목은 아이들이 어떻게 살아야 하는지를 안내해주는 지도와도 같다. 따라서 부모는 입시나 석차 경쟁을 다투는 흐름에서 빠져나와 시대의 흐름과 트렌드를 읽을 수 있어야 한다.

　시대의 흐름을 읽어내지 못하는 근시안적인 학부모들은 해마다 바뀌는 교육정책에 울고 웃으면서 불평불만을 쏟아낸다. 하지만 현명한 학부모들은 앞으로 세상이 어떻게 변할지에 관심을 가지고 그 변화가 아이의 앞날에 어떤 영향을 끼치게 될지를 생각한다. 급변하는 사회일수록 미래를 내다보는 부모의 지혜가 꼭 필요하다. 지금은 거의 모든 정보가 실시간으로 공개되는 시대이므로 부모가 관심만 있다면 학교 안팎은 물론이고 세계 구석구석을 파악하는 게 어렵지 않다.

요즘 학습법 중에서 특히 자기주도학습법을 강조하는데, 엄마들은 뭔가 특별한 학습법이어서 강조하는 것이라고 오해한다. 그러나 아이의 교과서를 제대로 살펴본 엄마라면 왜 자기주도학습이 중요한지를 잘 알 것이다. 7차 개정 교육과정(2009 개정 교육과정)에 따른 개정 교과서들은 모두 자기주도적으로 학습할 수 있도록 자세하고 친절하게 구성되어 있다. 학원에 다니지 않더라도, 또 누군가의 도움을 받지 않아도 어떤 순서로 어떻게 공부해야 하는지가 교과서에 잘 나와 있다는 뜻이다. 교과서로 자기주도학습을 성공시키려면 먼저 교과서 맨 앞장의 교과서 사용설명서부터 꼼꼼히 살펴봐야 한다.

칭찬으로 사고습관을 바꿔라

공부뿐 아니라 진로에 있어서도 자기주도는 중요하다. 그동안 아이에게 몇 개 되지도 않는 직업들을 나열하면서 마치 쇼핑센터에서 물건을 고르듯 꿈을 고르게 했다면, 이제는 '어떤 꿈을 가지고 어떻게 살까?'에 대해 이야기를 나누어야 한다. 진로에 대해 막막해하는 아이들이 꿈을 찾아갈 수 있도록 도와주는 것 또한 부모의 중요한 역할이다.

진로가 됐건 진학이 됐건, 꿈은 그것을 하고 싶은 동기로부터 시작된다. 그

전에 동기가 생기려면 무엇인가를 경험해보아야 한다. 그러니 아이가 어떤 일을 했을 때 그저 무심하게 지나치지 말고 구체적으로 칭찬을 해주도록 하자. 예를 들어 아이가 책을 읽고 나서 그 이야기를 들려준다면 이렇게 칭찬해주면 된다.

"네가 그렇게 자세히 얘기해주니 엄마가 마치 책을 읽고 있는 것 같구나. 그걸 다 기억하고 있다니 대단한데!"

"책 속의 주인공이 불쌍하다고 생각하는 걸 보니 우리 아들이 참 착한 마음씨를 가졌구나."

아이가 엄마의 칭찬 속에서 자신의 장점을 찾을 수 있다면 그것은 바람직한 칭찬이다. 그리고 칭찬을 할 때 방법을 조금만 달리하면 아이들의 행동이 달라진다. 친구들과 놀이를 하고 온 아이에게는 이렇게 칭찬해주자.

"친구들이 얘기할 수 있게 기다려주는 모습이 좋아 보이더구나!"

"친구에게 양보하는 마음을 동생도 배우면 좋겠구나!"

그리고 칭찬하는 사람이나 칭찬받는 사람 모두 객관적이라고 느낄 수 있게 칭찬해야 한다. 아이가 친구들과 모인 자리에서 "친구도 말할 수 있게 기다려줘야지", "친구한테 양보해야지"라고 말하는 것은 '무엇을' 하라고 가르치는 것이지 '어떻게' 하라고 가르치는 것이 아니다. "친구도 말할 수 있게 기다려주면 어떨까?", "함께 나눠서 하면 좋지 않을까?"와 같이 의견을 물으면서 결정하도록 하자. 이렇듯 칭찬을 통해 아이가 '어떻게' 하면 좋은지를 알려줘서 아이 스스로 생각해볼 수 있는 기회를 주자.

질문으로 사고습관을 바꿔라

질문을 할 때도 마찬가지다. 빨리 답을 찾도록 해결방법을 손에 쥐어주려 하지 말고 "어떻게 하면 좋을까?"라고 물어서 아이에게 생각할 시간을 충분히 주자. 아이들이 답을 찾았을 때는 그 답을 찾게 된 과정을 물어보자.

아이의 언어습관은 양육자를 따라간다. 아이가 말을 안 들을 때마다 "징그럽게 말도 안 들어요"라는 말을 입버릇처럼 하는 엄마가 있었다. 어느 날 아빠가 전화해서 오늘 늦게 들어갈 거라고 했더니 아이가 이렇게 말했다고 한다.

"징그럽게 말도 안 들어요. 일찍 오세요!"

그냥 웃어넘길 이야기가 아니다. 아이가 동생을 훈계하거나 친구들이랑 대화하는 것을 유심히 듣다가 '어쩜 나랑 말하는 게 똑같을까'라는 생각을 한 적이 있을 것이다. 말은 가장 빠르고 무섭게 전달되는 습관임을 명심하자.

평소 아이에게 '어떻게'라는 질문을 자주 하면 아이는 어떤 일을 할 때 무의식적으로 '어떻게' 해야 하는지를 스스로에게 질문하게 된다. "어떻게 하면 좋을까?", "어떻게 해야 해결할 수 있다고 생각하니?", "어떻게 하면 빨리 갈 수 있을까?"와 같이 아이가 늘 '어떻게'를 생각할 수 있도록 질문하자. 부모의 언어습관만 제대로 고쳐도 끊임없이 질문을 던지는 아이로 키울 수 있다.

변화를 예측할 수 있는 시대에는 '무엇을' 가르치느냐가 중요했다. 배운 대로 실천하는 것이 성공의 방법이었고, 성실한 삶의 자세였기 때문이다. 하지만 변화를 예측하기 어려운 시대에는 끊임없이 '어떻게' 살 것인가를 고민해서 문제해결능력을 키워야 한다.

내가 진짜로
원하는 게 뭘까?

어느 날 갑자기 요술램프가 생겼는데 램프의 요정 지니가 나타나 "당신이 진짜로 원하는 게 뭔가요?"라고 묻는다면 당신은 어떤 대답을 하겠는가? 선뜻 대답할 수 있을 만큼 늘 간절하게 원하는 것이 있는가?

자신에게 항상 "내가 진짜로 원하는 게 뭐지?", "내가 잘하는 건 뭘까?", "나는 뭘 좋아하지?"라고 질문하는 사람들은 지금 당장은 아니라도 반드시 꿈을 이루게 될 것이다. 질문은 삶의 방향을 안내해주는 나침반과 같고, 끊임없이 자신에 대해 질문하는 사람들은 삶의 방향을 제대로 찾아가게 되어 있기 때문이다.

삶의 주도권이 자신에게 없는 사람들은 질문을 하지 않는다. 그저 남들이 만들어놓은 길, 모험 없이 안전하고 편안하게 갈 수 있는 길로만 가기 때문이다. 그러나 그 길은 다른 사람의 요구대로 살아가는 길이고, 수행원으로서의 삶일 뿐이다.

질문하는 것도 습관이다

진로는 자신에 대해 알고 이해하고 나서 결정해야 한다. 그러기 위해서는 자신에게 '나는 어떤 사람일까'라는 질문을 끊임없이 던져서 자신이 가장 원하는 것이 무엇인지, 자신이 할 일이 무엇인지에 대한 답을 찾아야 한다.

자기성찰지능이 높은 사람들은 자신에게 끊임없이 질문을 한다. '내가 왜 이곳에 있지?', '나는 왜 이 일을 하고 있지?', '지금 내가 왜 이런 감정을 느끼는 것일까?' 등등 수많은 질문을 던지고 답을 구하는 과정을 통해 스스로를 이해하고 자신을 찾아간다. 그런데 보통 사람들은 자기 자신에게 질문을 하지 않는다. 그들은 왜 자신에게 질문을 하지 않을까?

스스로에게 질문하지 않는 사람들에게는 두 가지 이유가 있다. 하나는 질문할 필요를 느끼지 못해서고, 또 하나는 무엇을 질문해야 할지 몰라서다. 아이들도 마찬가지다. 아이들이 자신의 꿈에 대해 궁금해하지 않는 이유는 공부만 열심히 하면 답이 있을 거라고 생각하거나, 꿈을 어떻게 찾아가야 할지 모르기 때문이다. 자신이 진짜로 원하는 게 뭔지 모르는 아이들은 자기가 지금 삶의 어디쯤에 서 있는지를 궁금해하지 않는다. 그렇다 보니 공부하라는 말이 마냥 잔소리로만 들릴 뿐 자신을 들여다보게 하는 말로 들리지 않는다.

아이들에게 질문하는 능력을 키워주지 못했다면 이제부터라도 키워주자. 질문하는 것도 습관이다. 부모가 먼저 "왜 그럴까?", "왜 그렇게 생각하니?"라는 식으로 질문의 문을 열어주자. 또한, 둘 중 하나를 선택하게 하는 폐쇄형 질문에서 벗어나 아이의 생각을 자유롭게 얘기할 수 있도록 개방형 질문을 해야 한다.

아이들이 질문하기를 어려워하는 이유 중에는 질문하는 것보다 대답을 잘하는 것이 똑똑하다고 배운 탓도 있다. 학교 수업시간만 생각해봐도 정답을 맞혔을 때 칭찬받지 질문을 잘했다고 칭찬받는 경우는 거의 없지 않은가.

때로는 '어떻게 저런 질문을 할 수 있지?'라고 생각하게 만드는 아이들이 있다. 그렇다고 그 질문 자체가 잘못된 것은 아니다. 질문이라는 것은 내 안에서 만들어지는 궁금함이다. 알고 싶다는 자연스러운 욕구에서 나오는 것이므로 어른들은 아이의 모든 질문에 열린 마음으로 대해야 한다. 아이가 많은 질문을 하고 많이 생각하게 하려면 질문을 받아들이는 사람이나 질문을 하는 사람이나 모두 자연스러운 태도를 가져야 한다. 자연스럽다는 것은 곧 어떤 질문, 어떤 답에 대해서나 열린 태도를 취해야 한다는 뜻이다.

학교교육을 받기 시작하면 아이들은 질문을 잃어버린다. 아이들이 아주 어렸을 때를 생각해보자. 정말 귀찮을 만큼 따라다니면서 질문을 던지지 않았는가. 우리는 아이들에게 그런 질문을 할 기회를 다시 만들어주어야 한다.

자기 내면의 이야기를 듣고 말하라

이 시대는 나에 대한 질문이 중요하다. 내가 나아갈 방향에 대해, 내 안의 창의적인 생각에 대해 물음표를 던질 수 있어야 한다. 그래야 나만의 색깔이 생기고 나만의 장르가 생긴다. 이 시대에 최고로 인정받는 사람은 영어를 잘하고 특별한 기술을 가진 사람이 아니라 자기만의 장르를 가진 사람이다.

청소기를 만드는 공장은 많이 있지만 스팀청소기라는 장르를 만들어낸 사람은 한 사람이다. 믹서를 만드는 공장은 많이 있지만 과일을 갈았을 때 주스와 찌꺼기가 분리되는 주서^{juicer}라는 장르를 만든 사람은 따로 있다. 그들은 어떻게 스팀청소기를 생각하고 주서를 고안해냈을까?

장르를 만드는 사람은 매사에 질문을 던진다. 이들은 질문하는 것이 생활화되어 있다.

'청소를 하면서 살균까지 하는 방법은 없을까?'

'믹서로 주스만 추출해서 먹을 수는 없을까?'

그들은 이런 질문을 끊임없이 했을 것이다.

자신이 진정으로 원하는 것이 무엇인지를 알려면 자기 내면의 이야기를 듣고 말할 수 있어야 한다. 자기가 진짜로 원하는 것이 무엇인지도 모르고 부모의 판단을 좇아 대학에 들어가고 직장에 들어가니 자기 목소리가 없는 것이다. 그래서 행복하지가 않고, 뭔가 늘 부족하고 창의적이지 못한 것이다. '다들 대학에 가니까 나도 가야지'라는 생각처럼, '우리'에서 '나'를 따로 떼어내 바라볼 수 없다면 꿈을 갖기 힘들다. 설령 꿈을 갖게 되더라도 진정 내가 원하는 꿈이 아니라 부모님을 위한, 혹은 남들에게 보여주기 위한 꿈을 학습하게 될 것이다.

자기만의 스토리는 무기가 된다

이제는 거대한 집단 안에 속해있는 내가 아니라, 내가 주도적으로 이끈 활동이 나를 키워나갈 수 있도록 나만의 이야기를 만들어야 한다. 내 미래와 내 꿈에서 내가 주인공이 될 수 있도록 내가 진짜로 원하는 것이 무엇인지를 끊임없이 질문해야 한다. 그 질문이 자신만의 이야기를 만들어낼 수 있다.

자신이 원하는 것을 자신만의 이야기에 담아내는 일이 얼마나 중요한지는 자기소개서에서도 나타난다. 예를 들어 영문학 전공을 원하는 학생이 대학 입시 원서를 작성하면서 자기소개서를 쓴다면 예전에는 입학에 필요한 점수와 영어 관련 스펙을 나열하는 것으로 충분했다. 하지만 요즘은 자기만의 경험을 담은 스토리텔링이 있어야 빛을 발할 수 있다.

"저에게 영어는 너무 어려운 과목이었습니다. 학교에서 배우는 문법과 독해는 너무 어려워서 점수가 잘 나오지 않았습니다. 하지만 꾸준히 노력한 결과, 1학년 때 60점대였던 영어점수가 3학년이 되어서는 85점이 되었습니다. 또한, 영어회화 동아리에 가입하여 열심히 활동했고, 원어로 보는 영화 특별활동 시간에도 적극적으로 참여했습니다. 그 덕분에 지금은 외국인과 대화를 나누는 데는 부족하지 않는 수준이 되었습니다. 저는 늘 영문학도를 꿈꿔왔고, 그 꿈을 이루기 위해 끊임없이 달려왔습니다."

어떤가? 자기만의 이야기가 담겨있을 뿐만 아니라 진정성이 녹아 있지 않은가. 지금은 이런 자기소개서가 빛을 발한다. 예전에는 학업 성적이 부족하면 대학 입학은 꿈도 꿀 수도 없었지만 지금은 시대가 달라졌다. 성적이 꾸준히 올랐거나 해당 과목과 관련하여 일관성 있는 노력을 해왔다면 높은 점수를 받을 수 있다.

그대의 꿈이 한 번도 실현되지 않았다고 해서 가엾게 생각해서는 안 된다.
정말 가엾은 것은 한 번도 꿈을 꿔보지 않았던 사람들이다.

· 볼프람 폰 에셴바흐Wolfram von Eschenbach ·

4장

내 아이에게
꼭 맞는
새로운 교육전략을
세워라

엄마주도학습은
엄마주도적 삶을 만든다

엄마는 자식을 위해서라면 무엇이든 희생할 수 있는 존재이다. 하지만 그만큼 자식에게 집착하는 잘못을 저지를 가능성도 크다. 따라서 엄마는 자신의 집착이 아이에게 어떤 영향을 미칠지 고민해볼 필요가 있다.

아이가 자라면 엄마의 역할이 점점 많아지고 커진다. 아이와 함께 뭔가를 할 수 있는 때를 간절히 기다리던 엄마는 아이가 간신히 색 구분을 시작하는 시기가 되면 동네 문화센터에 강좌를 신청한다. 한 시간짜리 수업을 들으러 가면서 준비하는 데는 두 시간이 걸린다. 아이에게 또래 친구들을 만들어줄 수 있는 절

호의 기회라고 생각해서 치장에 신경을 쓰기 때문이다. 수업을 마치고 엄마가 '아이랑 함께하는 시간이 너무 행복해'라고 생각했다면 그것은 최상이다. 그런데 똑같은 수업을 듣고도 이런 생각을 하는 엄마들이 있다.

'왜 우리 애만 해님을 분홍색으로 칠했을까? 무슨 문제가 있나?'

이렇게 아이와 다른 아이들을 비교하기 시작했다면 엄마주도학습이 시작됐다고 봐도 무방하다.

"다 너 잘되라고 하는 거야"

요즘 엄마들을 보면 연예인 매니저를 보는 것 같다. 아이를 어느 학원에 보낼지를 알아보고, 시간에 맞춰 데려다 주고 데리러 가고, 거기다 주말 체험학습 스케줄도 꼼꼼히 짜는 것이 매니저와 별반 다를 게 없다. 어떤 친구들과 어울리고 어울리지 말아야 하는지를 일일이 정해주는 엄마가 있다는 얘기도 들었다. 그렇다 보니 엄마들은 눈코 뜰 새 없이 바쁘다.

흔히들 아이가 초등학교에 들어가는 순간 엄마의 초등학교 생활이 시작된다고 말한다. 아침풍경을 들여다보자. 일어난 지 얼마 안 된 아이는 아직 잠이 덜 깬 상태에서 심통난 표정으로 식탁에 앉아있다. 아이의 기분과 상태가 어떻든 엄마는 수저로 밥을 떠서 아이 입에 넣어주기 바쁘다. 아이 혼자 먹게 했다가는 지각할 것이 불 보듯 뻔하기 때문이다. 비몽사몽 아침밥을 먹고 나면 엄마가 골라놓은 옷을 입는다. 다른 옷을 입고 가겠다는 말을 꺼냈다가는 아침부터 실랑이가 벌어질 것을 알기 때문에 아이는 맘에 들지 않아도 군말 없이 입는다. 요즘 아이들은 그날 학교 준비물이 뭔지, 시간표가 어떻게 되는지, 학교에 어떤 행사가 있는지도 모른 채 책가방을 메고 학교에 가는 경우가 많다. 모두 '아이가 힘들까 봐', '아이가 어리니까' 대신해주는 엄마들 때문이다.

고등학교에서 자기주도학습 수업을 진행하다 보면 아이들의 부모를 만나보고 싶을 때가 한두 번이 아니다. 한번은 고등학교 2학년 학생을 코칭하면서 일주일을 어떻게 보내고 있는지를 체크해본 적이 있다. 평일 방과 후에는 여러 학원을 전전하느라 잠시도 틈이 없었고, 심지어 주말에도 논술학원에 다니고 있었다. 게다가 대학 입시를 위한 스펙 쌓기의 일환으로 봉사활동까지 하고 있어 자유시간이 거의 없다시피 했다. 주간플랜 작성을 다 마칠 때쯤 학생도 자기 스케줄에 놀랐는지 헛웃음을 지었다. 스케줄 조정이 필요하지 않겠느냐고 말하자 "엄마가 안 된다고 할 거예요. 어쩔 수 없어요"라고 말꼬리를 흐렸다.

"엄마가 하라는 대로 하지 않으면 나중에 후회할 거야"라고 겁을 줘가면서 아이들을 마음대로 조종하려는 부모들이 있다. 아이가 힘들어하는 기색을 비치면 아이의 마음을 헤아려주기는커녕 "해달라는 대로 다 해주는데 대체 뭐가 불만이야?"라며 오히려 아이를 타박한다. "다 너 잘되라고 하는 거야. 너 때문에 엄마 아빠가 얼마나 희생히는데 그런 말을 하는 거니?"라면서 마음의 빚까지 만들어준다.

아이의 자발성을 죽이면 자기주도학습도 없다

자기주도학습의 밑바탕은 자발성이다. 스스로 자신에게 필요한 것을 파악하여 목표와 계획을 세우고 실행하며, 결과 역시 스스로 평가해야 하는 것이다. 여기서 가장 중요한 것은 '스스로', '자신에게', '필요한 것'을 아는 것이다. 그것들을 알기 위해서는 자기 내면의 소리를 듣고 자신이 주도권을 가지고 해보고 싶은 어떤 일을 하거나, 그 일에 대한 기대감을 가지고 노력해서 결과를 경험하거나, 예상치와 기대에 대한 결과치를 스스로 평가해보아야 한다.

자발성은 어느 날 갑자기 생기는 것이 아니다. 익숙한 생활습관이나 실패한 경험에 대해 스스로 문제의식을 가질 때 습득할 수 있다. 부모들이 다 짜놓은 계획표대로 움직이기만 하는 아이들에게 문제의식이 있을 수 없고, 자발성이 있을 리 없다. 그러다 보니 너 나 할 것 없이 자기주도학습조차도 배워야 한다며 '자기주도학습 전문학원' 간판을 단 학원으로 몰려든다. 안타깝게도 자기주도학습은 학원주도학습이 된 지 꽤 오래되었다.

자기주도학습은 곧 '자기주도적인 삶'이라 할 수 있다. 그 밑바탕이 되는 아이들의 자발성을 떨어뜨리는 가장 큰 원인을 꼽자면 엄마들의 세심한 돌봄 탓이 크다. 엄마들은 어린아이의 모든 행동이 못미덥고 시원치 않고 자신이 도와주지 않으면 안 될 것 같은 마음으로 꽉 차있다. 그래서 신발을 거꾸로 신을라치면 발을 집어넣기도 전에 바로 방향을 바꿔 직접 신기고, 옷을 거꾸로 입으면 마치 큰일이라도 난 것처럼 바르게 입혀준다. 아이 스스로 다시 해볼 기회를 주는 인내심 많은 엄마는 거의 없다.

스스로 무언가를 알고 싶은 마음이 생긴 아이들은 직접 만져보고 입안에 넣어 깨물어보면서 자극을 받고, 그것에 반응하는 법을 배워간다. 공부도 마찬가지다. 교과서에 담긴 내용이 궁금해진 아이들은 자기 식대로 지식을 받아들이면서 어려운 문제를 해결할 방법을 고민한다. 그 과정을 거치면서 자신만의 공부법을 찾아가는데, 이것이 바로 자기주도학습이다. 전국 곳곳에서 철마다 자기주도학습 캠프가 열리는 것을 보면 바야흐로 '자기주도학습의 시대'라 해도 과언이 아니다.

그런데 생각해보면 자기주도학습은 이 시대의 흐름이나 대세가 아니라 이미 오래전 지금의 부모 세대가 경험하고 익혔던 학습방법이다. 영어단어를 외우기 위해 하얀 연습장이 단어로 새까매질 때까지 적어보기를 반복했던 방법이고, 외운 내용을 친구와 번갈아 가면서 질문하고 답하면서 익혔던 방법이다. 모든 아이들은 배움을 소망한다. 결국 자기주도학습은 아이들이 학습주체가 되는 순간 시작된다고 할 수 있다.

아이 인생의 주인은 부모가 아니다

부모가 자식에게 물려줄 수 있는 가장 큰 유산은 세상을 살아가는 지혜이다. 뭐든 엄마가 대신해주는 삶에 익숙해진 아이들은 새로운 세상을 만날 용기를 잃어버리게 된다. 부모는 아이들이 새로운 세상을 만나고 경험한 것들을 자기 것으로 만들 수 있도록 환경을 조성해주는 역할을 해야 한다. 조성(助成)이라는 말은 '도와서 이루게 한다'는 뜻이다. 아이를 돕는 방법에는 여러 가지가 있는데, 한꺼번에 많은 것을 도우려 하지 말고 지금 할 수 있는 범위 안에서 가장 쉽게 도울 수 있는 것들부터 접근하는 게 좋다.

가령, 아이의 시간관리 습관을 만들 수 있는 방법을 찾아보자. 먼저 아이의 일주일 생활을 파악한 후에 고정적으로 할애하는 시간을 뺀 나머지 시간을 어떻게 보내고 있는지 한눈에 알 수 있도록 생활시간표를 만들어 벽에 붙여준다. 또, 학교에서 돌아오면 무엇을 먼저 해야 하는지 이야기를 나누고 스스로 해야 할 일을 정한다. 예를 들면 아이 스스로 알림장 꺼내서 보여주기, 시간표에 맞춰 다음날 책가방 준비하기와 같이 작은 행동목표를 만들어서 실천하게 한다. 거기서 중요한 것은 아이의 실천에 대해 긍정적인 피드백을 하는 것이다. 아주 사소한 일인 것 같지만 아이의 자존감을 키우는 데 큰 도움이 된다. 직장맘이라면 퇴근 후에 아이와 지내는 '30분 초밀착 시간'을 가져보자. 직장생활을 하는 엄마들이 가장 부러워하는 사람은 아마 하루 종일 아이와 함께 보내는 전업주부 엄마일 것이다. 그러나 아이에게 중요한 것은 함께 있고 없고가 아니라 엄마와의 사랑과 믿음이 얼마나 돈독한가이다. 30분 초밀착 시간만큼은 집안일을 모두 제쳐두고 아이와 나란히 누워 대화를 나누거나 몸으로 놀아주는 시간을 가지거나 동화책을 읽어주자. 어린아이라면 소꿉놀이를 하면서 아이의 감정을 읽어주는 것도 좋다. 그러면 아이는 엄마가 온전히 자신을 위해 시간을 할애해준다고 느끼면서 강한 신뢰감을 갖게 된다.

대체 이런 것들이 자기주도학습과 무슨 상관이 있느냐고 묻는 엄마들이 있을 것이다. 아시다시피 공부는 머리로만 하는 게 아니라 온몸으로 하는 것이다. 마음으로 느끼는 감정의 영역이 불안정하거나 스트레스가 쌓이면 공부를 하고 싶은 마음이나 자신이 해낼 수 있다는 자신감이 생기기 어렵다.

교육심리학에서는 해야 할 일을 자꾸 미루는 것을 '소극적인 저항'으로 본다. 대체로 엄한 부모 밑에서 자라는 아이들이 해야 할 일을 자꾸 뒤로 미루면서 소극적인 저항을 한다고 한다. 이런 연구결과를 굳이 인용하지 않더라도 우리 어린 시절을 돌아보면 누구나 공감할 것이다. 부모님에게 혼나면 방문이 부서져라 쾅 닫고 들어와 공부하는 척한 기억이 있을 것이다. 말 그대로 하는 척이었지 진짜 공부를 한 기억은 거의 없을 것이다.

사회적 성취가 인생 최대의 목표이자 과제였던 부모 시대와 지금은 전혀 다른 시대이다. 개인적인 만족과 성취가 행복의 최대목표이고, 그것은 직업의 가치관으로 연결되고 있다. 자기주도적인 삶이란 내 인생의 주인이 '나'가 되는 인생을 가리킨다. 따라서 성공도 실패도 행복도 고난도 오롯이 내 것이 되어야 한다.

아이가 잘되기를 바라는 마음에 "엄마가 다 알아서 해줄 테니 너는 공부만 열심히 해"라고 말했다가는, 머지않아 "다 엄마 때문이야"라는 원망의 말을 듣게될 것이다. 그러니 아이들이 한 발짝씩 스스로 내딛을 수 있도록 바다에 띄울 배를 만드는 심정으로 아이를 믿고 단단하게 자라도록 도와주는 부모가 되자.

읽기능력은
모든 학습의 기본이다

　사람들의 평균수명이 길어진 영향도 있지만 글로벌 시대에서 평생교육이란 말은 빼놓을 수 없다. 평생교육의 의미는 어디서나 누구나 배울 수 있음을 뜻한다. 우리 주변만 둘러봐도 평생교육 시대를 살고 있음을 실감하게 된다. 마음만 먹으면 자신의 전공과 무관한 분야의 자격증을 딸 수 있는 교육시스템이 많다. 뒤늦게 자기 적성을 발견하여 직업을 바꾸는 일도 어렵지 않은 일이 되었다.

　나이가 들어서도 배움의 욕구가 있는 사람에게 배움의 기회를 제공하는 것이 평생교육의 목적이다. 바꿔 말하면 이제 누구나 평생 공부를 하지 않으면 안 되는 시대가 되었다. 사회의 변화는 이제 한 치 앞을 예측하기가 어렵다. 사회가 변화하는 만큼 스스로 변화하지 않으면 금세 도태되는 세상이다. 이런 예측 불가능한 시대에는 지식을 많이 쌓는 것보다 지식을 습득하는 능력이 더 중요하다. 학습하는 힘을 기르면 수많은 정보와 주변 여건들을 통합해 얼마든지 지식을 자기 것으로 만들 수 있다. 때문에 기초학습능력, 즉 읽기, 쓰기 능력을 키우는 데 힘써야 한다.

읽기능력은 해석능력까지 포함한다

인터넷 세상을 살고 있는 우리는 새로운 정보를 손쉽게 얻는다. 온라인상에서 공감이 가는 글을 읽으면 댓글을 써서 자신의 흔적을 남기고, 새로운 정보를 다른 사람들에게 전달하기 위해 SNS를 이용한다. 세계 석학들의 강의를 방 안에서 들을 수 있고, 자신만의 방법으로 요약 정리도 할 수 있다.

읽기, 쓰기, 말하기, 듣기의 기초학습능력이 중요하다고 강조하면 "그게 안 되는 사람이 어딨어요? 누구나 다 하는 거잖아요"라는 말을 많이 듣는다. 하지만 실제 교육 현장에는 기초학습능력이 부족한 아이들이 적지 않다. '평범이 비범'이라는 말처럼 가장 중요한 기초학습능력이 탄탄해야 공부를 잘할 수 있다는 것은 하나의 공식이다. 학생 입장에서 보면 교과서를 제대로 읽거나 문제풀이를 할 때 질문의 의미를 파악하는 것은 매우 중요하다. 특히 초등학교 공부는 대부분 읽기와 듣기로 이루어진다. 더구나 국어 교과서는 모든 공부에 우선한다고 해도 과언이 아니다. 이에 대한 근거는 국어 성적과 전체 성적의 상관관계에 대한 연구를 통해 알 수 있다. 국어 성적이 낮은 아이들 중 많은 아이가 학습과정 중에 선생님이 말하는 내용이나 책의 내용이 무슨 뜻인지 몰라서 공부하기 어렵다고 답했다. 또 국어 성적은 다른 모든 성적에도 영향을 미치는 것으로 보고된 바 있다.

　읽기는 학습자라면 누구나 사용하는 기본적인 입력 방법이다. 단순히 글자를 읽는 능력뿐만 아니라 이미지를 읽어내고 나만의 방식으로 해석하는 능력을 포함한다. 그래서 읽기능력은 엄마들이 생각하는 독서능력과는 조금 다른 능력이라고 할 수 있다. 짧은 글을 읽어도 그 내용의 의미를 이해하고, 그것이 이전에 자신이 알고 있던 어떤 정보와 관련 있는지를 파악할 줄 아는 능력이라고 설명하면 좀 더 정확할 것 같다. 저학년 아이에게 글을 읽게 하면 글자를 빼먹고 읽거나 행을 건너뛰고 읽는 경우를 흔히 볼 수 있다. 이런 현상이 반복되면 습관이 되고, 결국 읽기능력에 영향을 미치게 된다. 그러므로 저학년 아이를 둔 부모라면 아이의 읽기능력이 어떠한지를 제대로 들여다볼 필요가 있다. 읽기능력이 부족한 아이들은 수업시간에 선생님이 하는 이야기나 조금이라도 긴 문장을 읽으면 무슨 말을 하는지 몰라 중간에 딴짓을 하거나 중단해버린다. 학원을 보내고 과외를 시켜도 도무지 성적이 오르지 않는 아이들 역시 읽기능력이 부족하다고 보면 정확하다. 따라서 아이의 학년이 낮아서 그렇다고 가볍게 지나칠 것이 아니라 적어도 일주일에 하루 정도는 학교에서 배우는 교과서를 어떻게 정리하고 어떻게 이해하고 있는지를 알아보는 작업이 필요하다. 고학년이라면 문제풀이를 통해서 틀리는 문제의 유형만 살펴봐도 암기 부족인지, 이해력 부족인지, 단순 실수인지를 알 수 있다.

지금은 책상에 앉아서 죽어라 공부만 한다고 성적이 오르는 시대가 아니다. 효율적인 공부법을 찾아서 자신만의 학습법을 개발해야 하는 시대이다. 따라서 기초학습능력이 부족한 아이에게 1등 공부법을 가르치는 것은 하등 쓸데없는 일이다. 이런 경우는 무조건 기초공사부터 다시 시작해야 한다.

수능 만점자들이 인터뷰에서 교과서로만 공부했다고 하면 우리는 의심의 눈길을 보내며 절대 그럴 리 없다고 말한다. 그런데 정말로 공부 잘하는 학생들의 공통점을 살펴보면 교과서에서 무엇을 말하는지, 무엇을 중요하게 다루는지를 파악하는 읽기능력이 매우 탁월하다. 또한, 내용의 핵심을 파악하는 능력이 뛰어난 아이는 교육환경과 제도가 바뀌어도 성적이 우수하다.

읽기능력을 일상생활에서 가르치는 방법

국어교육학 박사인 천경록 박사는 독서능력의 발달단계를 다음과 같이 나눈다.

- **독서 맹아기(출생~유치원 시기까지)**

  읽기 이전의 단계로 주로 음성 언어를 사용하는 시기
- **독서 입문기(초등학교 1~2학년)**

  읽기에 필요한 기초능력을 습득하는 시기
- **기초 기능기(초등학교 3~4학년)**

독서의 기능을 익히고 학습을 위한 독서가 이루어지는 시기

- **기초 독해기(초등학교 5~6학년)**

  글을 해독하는 시기를 지나 독해를 시작하는 시기

- **고급 독해기(중학교 1~2학년)**

  글쓴이의 관점과 태도, 글의 동기 등에 대해 비판적 사고를 하며 글을 읽는 시기

- **독서 전략기(중학교 3학년~고등학교 1학년)**

  구체적인 독서 목적에 맞춰 자신의 독서를 점검하고 전략적으로 글을 읽는 시기

- **독립 독서기(고등학교 2학년 이후)**

  필요한 글을 스스로 선택하여 자발적으로 글을 읽는 시기

그렇다면 아이의 읽기능력은 언제부터 키워주는 것이 가장 좋을까? 독서능력의 발달단계에 따르면 초등학교 2, 3학년 때가 가장 적합하다. 이 시기가 특히 중요한 이유는 읽기 습관이 만들어지기 때문이다.

그렇다면 아이의 좋은 읽기 습관을 만들려면 어떻게 해야 할까? 우리가 하루 동안 접하는 글이 얼마나 되는지 한번 생각해보자. 아이가 학교를 가기 위해 엘리베이터를 타면 엘리베이터 안에 붙은 안내문을 읽게 된다. 학교에 도착하면 아침조회 시간에 모니터에 있는 내용을 읽고, 수업시간에는 나누어준 프린트를 읽는다. 복도를 지날 때는 복도 벽에 붙은 게시물이 눈에 들어오고, 점심시간에는 식사시간 준수사항을 읽는다. 집에 오는 길에는 곳곳에 붙은 간판이나 세일

문구를 읽는다.

아이들이 어릴 때는 문구에서 '무엇'을 읽어야 하는지를 선별하는 연습을 시키면 좋다. 가령, 엘리베이터에 붙은 '정전 안내문'을 읽는다면 "몇 시부터 몇 시까지 전기를 쓸 수 없다는 거지? 왜 정전이 될까?"라고 이야기를 꺼내보는 식이다. 마트에 나갔다가 '50퍼센트 세일' 문구를 보았다면 "절반이나 깎아준다는 이야기네? 1,000원의 반이면 얼마지?"라고 글의 의미를 해석하는 연습을 시킨다. 글이 전달하고자 하는 내용에 대해 이야기를 나누다 보면 읽기능력은 저절로 키워진다.

배경지식은 이해력의 폭을 넓힌다

아이들 스스로 기초학습능력이 생기면 자신이 읽고 싶은 것을 골라내기 시작한다. 읽어야 하는 것과 읽지 않아도 되는 것, 중요한 것과 중요하지 않은 것을 스스로 선택하는 것이다. 아이가 그림책에 빠져 지내는 시기에는 그림을 보면서 내용을 이해하고, 그림 속의 단서 하나하나를 꼼꼼하게 보면서 자신이 알고 있는 정보와 연결시킨다. 그런데 초등학교 1학년만 되어도 아이가 그림책을 구석구석 보고 있으면 엄마들은 빨리 다음 장으로 넘기라고 채근한다. 만약 아이가 그림 구석에 있는 작은 단추를 보면서 이야기를 시작하면 그런 건 중요하지 않다고 딱 잘라서 말한다.

우리 뇌는 새로운 것과 이전의 것을 연결하기를 좋아하는 속성이 있다. 때문에 글로 받아들이는 능력을 키워주기 위해서는 많은 배경지식을 쌓을 수 있도록 이야기를 나누고, 보여주고, 체험할 수 있는 기회가 필요하다. 배경지식에 따라 글을 해석하는 능력이 달라지기 때문이다.

영재교육원에서 아이들을 가르칠 때, 동그란 공에 뾰족한 이쑤시개 몇 개를 꽂아서 보여주며 무엇이 생각나느냐고 물은 적이 있다. 대부분의 아이들은 고슴도치가 생각난다고 했는데 유독 한 아이가 바다 속에 사는 성게가 생각난다고 대답했다. 그랬더니 웃음을 터뜨리면서 어떻게 개가 바다 속에 사느냐고 말하는 아이가 있었고, 개 이름이 무슨 성게냐고 묻는 아이도 있었다. 물론 아이들의 순수함을 엿볼 수 있는 상황이기도 하지만, 배경지식이 풍부하지 않으면 고슴도치 말고는 떠올리지 못한다는 사실을 보여준다. 배경지식은 글의 내용을 궁금하게 만들기도 하고, 다음에 이어질 내용을 예측하게도 한다. 그러므로 되도록 많은 것을 경험시켜서 배경지식을 넓혀줘야 한다.

나이별, 학년별 필독서를 꼼꼼히 챙기는 엄마들이 많은데, 아이마다 발달단계가 다른 것처럼 그 나이에 반드시 읽어야 하는 필독서는 사실 따로 없다고 보는 게 옳다. 조금 수준이 낮은 책을 골라 아이의 흥미를 유발시켜야 할 때가 있고, 때로는 아이에게 조금 어려울 수도 있는 책을 읽혀야 할 때가 있다. 그래야 배경지식의 스펙트럼이 넓어지고 어휘력도 늘어나 읽기능력이 키워진다. 결과적으로 보면 '어떻게 책을 읽었는가'가 '어떤 책을 얼마나 많이 읽었는가'보다 훨씬 더 중요하다.

그렇다면 이 내용을 아이들이 책이나 교과서를 읽을 때 어떻게 적용할 수 있을까? 다음의 3단계 과정을 거치면 적극적인 읽기가 가능해진다.

1단계 : 책이나 교과서를 읽기 전에 먼저 훑어보기를 한다. 어떤 내용이 있는지를 훑어보면 배경지식으로 자신이 가지고 있는 정보가 떠오른다. 내용에 대한 호기심과 함께 또 다른 배경지식도 떠오르게 된다.

2단계 : 훑어본 내용과 연관시켜 자주 반복되는 단어를 찾거나 핵심어휘가 무엇인지를 파악해 표시해본다.

3단계 : 글을 다 읽고 나서 새롭게 알게 된 것과 이미 알고 있던 것을 연결하고, 자신이 가졌던 의문점을 해결했는지 확인한 다음 자신의 언어로 내용을 정리한다.

전에 없이 학습법에 관한 책이 홍수를 이루고 있지만, 자신만의 공부법과 스타일로 성공한 사례들이 많다. 대학 입학 여부를 평가하는 과정에서도 이제껏 어떤 동기로 공부를 해왔고, 어떤 일관된 학습과정을 거쳤으며, 어떤 방법으로 성적을 만들어왔는지가 중요한 요소가 된다. 또한, 교과서 속의 숨은 그림이라 할 수 있는 학습목표와 핵심내용을 해석하는 능력을 키운다면 공부의 재미도 찾게 될 것이다.

글쓰기 능력이
아이의 미래를 결정한다

글쓰기는 이제 더 이상 특정한 직업이나 남다른 능력을 가진 사람들만의 전유물이 아니다. 직접 사람을 만나 대화하는 일보다 문자나 메일로 연락하는 일이 더 많고, 책을 읽으면 리뷰를 쓰고, 인터넷 기사에는 댓글을 달고, SNS에는 수시로 자기 생각이나 의견을 써서 올리는 게 평범한 사람들의 일상적인 생활이 된 지 오래다.

글쓰기와 말하기는 대학 공부의 대부분을 차지한다. 동아리 활동 제안서, 그룹활동 보고서, 서평, 비평, 리포트, 논문, 시험 등 읽고 공부한 것을 글로 담아내지 못하면 자신의 노력과 능력을 증명할 길이 없다고 해도 무방할 정도다. 그래서 계열이나 전공과 무관하게 꼭 필요한 능력 중 하나가 글쓰기 능력이다.

자기소개서로 글쓰기 능력을 평가한다

이미 대학의 학생 선발과정이나 고등학교 자기주도학습 전형에서는 자기소개서를 매우 중요한 평가요소로 간주한다. 자기소개서란 자신의 가치를 효과적으로 알리기 위해 쓰는 것이다. 그러므로 나를 평가하는 사람에게 나에 대한 궁금증이 생기도록 정해진 양식 안에서 사실에 근거해 최대한 자신을 표현해내야 한다. 결국 전략을 세워야 한다. 어떤 내용을 가장 강조할 것인지를 선택하고, 읽는 사람(학교)이 요구하는 방향에 맞춰 써야 하는 것이다. 다시 말해 구태의연한 자기소개서로는 합격을 보장받기 어렵다.

새 학기가 시작되었을 때, 학교에서 임원으로 당선되었을 때, 또는 누군가에게 나를 알리는 작업이 필요할 때도 글쓰기 능력은 말하는 능력만큼이나 중요하다.

물론 일반적인 글쓰기와 자기를 소개하는 목적의 글쓰기에는 약간의 차이가 있지만 공통적으로 중요한 것은 '커뮤니케이션'이다. 서사라는 형식이 이야기를 담고 있는 문학적 영역이라는 생각은 낡은 생각이다. TV광고는 기업의 가치나 제품을 스토리텔링 형식으로 소비자에게 전달해서 마치 한편의 영화를 보는 것처럼 느껴지게 한다. 자서전이나 일기, 수필도 독자들과 소통하는 형식을 많이 취한다. 그런데도 아직까지 '글쓰기'라고 하면 디지털 세상에 어울리지 않는 아날로그적인 것으로 이해하거나, 요즘은 글 쓸 일이 거의 없다고 말하는 사람들이 있다면 동굴 안의 원시인과 다름없다. 물론 연필이나 볼펜으로 글을 쓰는 일은 많이 줄어들었다. 그러나 그보다 더 많이 자주 컴퓨터 자판을 두드려서 무언가를 쓰고 있지 않은가.

글쓰기의 핵심은 진정성이다

글쓰기 능력을 키우고 싶다면 글을 많이 써보는 수밖에 없다. 초등학생이라면 일기도 쓰고 만화처럼 말풍선에 하고 싶은 말을 쓰기도 하고 편지나 카드를 써보게 하자. 글 쓰는 일을 어렵게 느끼는 것은 잘 써야 한다는 부담감이 크기 때문이므로 자주 많이 써보는 것이 최선의 해결책이다.

아이들도 마찬가지다. 초등학생들이 가장 부담을 느끼는 글쓰기 숙제가 바로 '일기 쓰기'다. 검사를 전제로 한 일기 쓰기다 보니 부담스럽고 쓰기 싫은 것이다. 일기는 하루에 있었던 일 중에서 인상적이었던 경험을 쓰는 기록이다. 일어났던 일을 모두 적을 수 없으니 자신이 가장 쓰고 싶은 이야기를 쓰면 된다. 그렇지만 일기는 항상 엄마와 선생님의 검사를 받아야 하고, 내용을 쓸 때도 나름의 형식을 갖추어야 한다고 강요받는다. 예를 들어 '오늘은'으로 시작하면 안 된다거나, 몇 줄 이상은 반드시 써야 한다는 식이다. 그래서 어떤 아이들은 일기쓰기 숙제는 일주일에 두 번만 검사하는 점을 고려해 주말에 몰아서 쓰기도 하고, 글씨를 큼직큼직하게 써서 약속한 칸을 채우기도 한다.

아이들이 글쓰기를 즐거운 것으로 느끼게 하려면 자유로운 글쓰기를 허용해야 한다. 그러기 위해서는 아이가 쓴 그대로를 수용하는 노력이 필요하다.

글을 쓸 때 그 시작을 어떻게 해야 할지 모르겠다는 아이들이 많다. 가령, 아이가 '엄마'라는 주제로 글을 쓰려는데 막막해한다고 치자. 이럴 때는 '엄마'를 떠올렸을 때 생각나는 단어들을 나열해보게 하자. 엄마, 잔소리, 밥, 아빠, 사랑…… 수많은 단어들이 튀어나올 것이다. 그중에서 몇 개의 재료를 골라 글을 쓰라고 하면 쉽게 시작할 것이다. '엄마'를 주제로 글을 쓸 때 가장 멋지게 표현하는 방법은 우리 엄마를 가장 진정성 있게 표현하는 것이다. 대부분의 사람들은 엄마를 주제로 한 글이라고 하면 희생과 애잔함, 고귀함이 느껴져야 한다는 이상한 강박관념을 가지고 있다. 하지만 그런 글을 읽어보면 진정성이 떨어질 때가 많다. 엄마와 매일 부딪히다 보면 희생보다는 강요, 애잔함보다는 신경질 섞인 잔소리, 고귀함보다는 악착같음을 더 많이 느끼기 때문이다.

잘 썼다고 평가받는 글을 살펴보면 진정성을 바탕으로 자유롭게 쓴 것들이 대부분이다. 어떤 글이든 목적에 맞게 간결하고 명료하게 쓴 것이 훌륭하고 멋있다. 화려하거나 거창한 표현들을 갖다 붙이면 내용은 빈약해지고 껍데기만 요란한 글이 되고 만다.

변화하는 교육세계, 새로운 입학전형 중에는 자신만의 'only one story'를 필요로 하는 경우가 많다. 똑같은 성적이라면 합격의 주인공이 나여야만 하는 이유, 내가 이 대학에 반드시 들어가야 하는 이유를 글로 잘 설명할 수 있을 때 입학 기회를 얻을 수 있다.

꼭 대학 진학의 문제가 아니라도 중고등학교 교육과정과 평가방법을 살펴봐도 그 중요성은 매우 크다. 예전과 비교했을 때 가장 큰 차이점은 문항 수가 줄어든 대신 서술형 답안을 요구하는 경우가 많아졌다는 것이다. 문제가 요구하는 답이 무엇인지를 파악해서 그에 맞는 내용을 서술해야 정답 처리가 된다. 또한, 내가 하고 싶은 말보다는 출제자의 의도를 파악해 답을 서술해야 한다.

요즘 아이들의 진로는 부모들이 경험해보지 못한 방식으로 결정될 때가 많다. 예를 들어 글로벌 기업에서 일하고 싶다는 꿈이 있는 학생은 세계의 기업들을 다 찾아다닐 수 없으므로 이메일을 이용하여 자신을 소개하고 자신이 원하는 사항을 전달한다. 블로그에 차곡차곡 써왔던 글들이 많은 사람들의 호응을 얻어 갑자기 작가가 되기도 한다. 〈여명의 눈동자〉, 〈모래시계〉, 〈태왕사신기〉로 잘 알려진 송지나 드라마작가는 처음에 모니터 요원으로 방송계에 입문했다.

학습한 것을 글로 풀어쓰게 하라

'읽는 만큼 쓸 수 있다'는 말이 있다. 특히 관심 있는 분야의 정보를 여러 가지 방법으로 섭렵하는 노하우를 알아야 한다. 가령, 방송반 동아리에 내가 들어가야 하는 이유를 글로 쓴다고 치자. 책과 인터넷 검색을 통해 방송이 어떤 일을 하는지를 알 수 있고, 주변의 정보들을 취합해 방송반에 대한 배경지식을 넓힐 수 있을 것이다. 학교 안에서 방송반 동아리 회원이 되기 위해서는 알고 있는 사실에 근거해서 자신의 역할을 생각하고 글로 표현해 방송반 선발과정의 기준에 맞는 글을 써야 한다. 일차적으로 방송반 동아리에 대한 정보를 알아야 한다. 어떤 일들을 하는지, 각 분야의 일을 하기 위해서는 어떤 기본적 소양이 필요한지에 대해 알아본 후, 방송반에 적합한 자신의 역할과 역량은 어떤 것이 있는지를 파악해야 한다. 그 다음에는 내가 왜 방송반에 들고 싶은지, 이 동아리에서 내가 잘할 수 있는 일은 어떤 일인지, 나의 강점은 무엇인지에 대해 정리할 수 있어야 한다. 이러한 내용을 충실하게 작성했다면 선발기준에 합당한 요소들이 기록되었기 때문에 방송반에 합격할 가능성이 높아진다. 그런데 방송반 활동에 대해 잘 알지 못한다면 빈약한 정보만 가지고 글을 쓰게 될 것이고, 동아리에 자신이 적합한 이유는 고사하고 선발기준과 거리가 먼 엉뚱한 이야기만 늘어놓게 될 것이다.

처음 글을 쓸 때는 부담감 없이 쓰고 싶은 글을 자주 많이 써보는 것이 좋고, 그 다음에는 단락을 활용한 글쓰기를 하면 좋다. 우리나라 학생들의 경우는 논술을 따로 배우지 않으면 쓰기나 글의 구성, 단락의 구성에 대해 배울 수 있는 기회가 거의 없다. 굳이 글쓰기 이론은 배우지 않더라도 단락은 어떻게 나뉘고, 어떤 것이 중심생각이고, 또 중심을 뒷받침하는 세부사항은 무엇인지를 파악하는 능력이 필요하다. 그것은 큰제목과 소제목, 중심이 되는 생각과 세부적인 내용, 뒷받침하는 예시글을 찾는 연습을 하다 보면 자연스럽게 익혀진다.

또한, 학습적인 면에서도 이해한 것을 글로 풀어쓰는 능력이 필요하다. 글의 구성을 교과서나 학습에 응용해본다면 오늘 배운 학습내용의 제목을 쓰고 학습목표를 생각해보는 것 자체만으로 학습의 중심내용을 아는 것이 된다. 학습목표가 무엇인지 알고 나서 교과서의 내용을 보면 어떤 그림과 사진과 도표가 세부내용을 뒷받침하는지 알 수 있다. 소단원 하나에서 학습목표에 대한 세부적인 내용 몇 가지를 알고 요약 정리하는 습관을 들이면 체계적인 복습 과정까지 덤으로 얻게 된다.

글쓰기는 사고능력과 언어능력을 발달시키는 데도 매우 중요하다. 읽기를 통해 어휘력을 키우고 창의적인 사고를 통해 글쓰기를 하면 사고의 폭이 확장된다. 글쓰기를 통해 확장된 사고와 전달력은 변화하는 교육환경과 평생교육 시대를 살아가는 아이들에게 요구되는 필수 영역이다. 서술형 문제, 자기소개서, 체험활동 보고서, 독후감, 일기, SNS 활동, 블로그, 학업계획서, 논술, 제안서, 기획서, 결과 보고서, 에세이 등의 글쓰기는 직업, 학교, 전공을 불문하고 누구에게나 필요한 능력이다.

읽기와 글쓰기 능력은 어느 날 갑자기 만들어지는 것이 아니다. 어릴 적부터 잘 읽고 잘 쓰는 습관을 들여야 만들어진다. 만약 아이가 초등학생이라면 다양한 방법으로 글쓰기를 해보도록 격려하고, 어떤 주제라도 좋으니 글로 표현하게 해보자. 자유로운 글쓰기를 어려워한다면 책을 그대로 옮겨 적게 하는 것도 좋다. 또, 문자나 편지로 부모와 수시로 마음을 주고받는 것도 도움이 된다. 아이가 중학생이라면 학습요약 노트를 만들어보자. 교과서의 단원 내용을 글의 구성방식을 활용해서 요약 정리하거나 나만의 공부노트를 만든다면 학습에서도 많은 도움을 받게 될 것이다.

자기주도학습은
시간관리 습관이 만든다

집 안에 있는 엄마와 아이를 관찰해보면 끊임없이 싸운다. 어느 집이나 사정은 마찬가지다. 엄마는 공부를 하라고 하고, 아이는 놀다가 나중에 공부하겠다고 해서 벌어지는 싸움이 반 이상을 차지한다. 집집마다 벌어지는 이 싸움을 대폭 줄일 수 있는 방법이 하나 있다. 바로 시간관리의 원칙을 배우는 것이다. 이 원칙에 아이의 의견을 수용하는 엄마의 마음까지 더해진다면 아이의 시간관리에 대해 걱정할 일이 없다.

시간관리의 원칙에 따르면 우선순위를 먼저 정한 후에 우선순위가 높은 것부터 집중하면 된다. 하고 싶은 일보다 해야 할 일에 집중한다는 것은 어른들에게도 어려운 일이다. 시간에 대한 우선순위를 정하는 것은 자신과의 약속이다. 반드시 먼저 해야 할 일을 약속으로 정하기 때문에 약속이나 규칙에 대한 개념이 서 있지 않은 경우에는 우선순위를 정하더라도 말장난에 그칠 가능성이 크다.

약속이나 규칙을 아이의 발달단계에 맞추어 필요한 것들로 지도하게 되면 그 능력이 뛰어나다고 한다. 교류분석이론에서는 이것을 '부모적 자아'라고 설명한다. 도덕성, 양심, 규칙, 이상과 같은 것들을 가르칠 때는 부모의 훈계나 말보다는 행동으로 보여주는 게 가장 효과적이다. 그런 의미에서 아이들에게 시간의 우선순위를 가르치고자 한다면 먼저 가족 규칙을 만들어 함께 실천하고, 서로 피드백하는 것이 좋다. 예를 들어 집에 돌아와서 신발은 꼭 신발장 안에 넣는다든지, 양말은 뒤집어지지 않게 해서 꼭 빨래통에 넣는다든지 등의 규칙을 만들어 지키도록 하는 것이다. 아이가 어렸을 때부터 우리 집 혹은 아이만의 규칙을 만들어서 지키게 해보자. 그것만으로도 시간관리 습관을 길러주는 밑바탕이 만들어진다.

시간관리의 시작은 '시간 예측하기'

일에 대한 우선순위는 왜 정해야 할까? 해야 할 일이란 시간이 많든 적든 반드시 끝내야 하는 일을 가리킨다. 그런데 그 일을 미루다 보면 전혀 예측하지 못했던 다른 일들이 끼어들어 대충 끝내거나 밤을 지새우게 되어 최상의 결과를 만들지 못할 때가 많다.

아이가 숙제는 나중에 하겠다면서 밖에서 놀다가 느지막히 돌아왔다고 치자. 씻고 저녁밥을 먹고 나서 책상 앞에 앉으면 잠이 쏟아지기 마련이다. 평소 이런 일상이 반복되는 아이라면 시간을 예측하는 것부터 가르쳐야 한다. 괜하게 숙제 먼저 하라고 큰소리 내지 말고 아이가 하고 싶다는 대로 하게 하자. 대신에 아이에게 오늘 할 일에 대해 분명히 알려주자.

"엄마 조금만 놀다 올게요."

"놀고 싶구나(수용). 함께 놀 친구랑 약속은 했니(객관적 정보 갖기)?"

"놀이터에 가면 있을 거예요."

"그래, 신나게 놀다 와. 놀고 와서 숙제 하면 더 잘 되겠다(지지와 현실인식). 놀러 갔다 와서 오늘 해야 할 일이 뭐가 있더라(예측하기)?"

"학교 숙제랑 준비물 사는 것, 그리고 피아노 연습을 해야 해요."

"그래. 세 가지를 다 하려면 좀 바쁘겠구나. 시간은 얼마나 걸릴까(예측하기)?"

"한 시간 정도요?"

"그럼 놀고 와서 한 시간 동안 해야 할 일들을 하는 걸로 하자."

스스로 시간을 운용해본 적이 없는 아이들은 시간 예측을 하지 못한다. 이 아이 역시 시간을 예측해본 경험이 없다는 것을 알 수 있다. 세 가지 일을 한 시간이면 다 할 수 있다고 생각하고 있지 않은가.

아이가 밖에서 놀다가 집에 돌아오면 부드러운 말로 맞아주고, 아이가 해야 할 일을 시작하도록 도와주자. 그 전에 아이에게 "자, 지금부터 시간을 한번 재보자. 한 시간 동안 세 가지 일을 다 끝낼 수 있는지 확인해보자"라고 말해주고 나서 스톱워치를 작동시킨다. 물론 시간 예측이 가능할 정도의 큰 아이라면 스스로 시간을 재게 하면 된다.

아이는 처음에 자신만만한 표정으로 숙제를 시작할 것이다. 하지만 시간이 지나면서 자꾸 딴짓을 하고, 결국 숙제를 다 끝내기도 전에 한 시간이 훌쩍 지나가버릴 것이다. 한 시간이 됐을 때 스톱워치 벨이 울리면 다시 스톱워치를 작동시켜서 해야 할 일을 모두 끝낼 때까지 걸리는 시간을 재도록 한다. 모든 할 일을 끝내는 데 걸린 시간을 아이에게 알려주어라. 그리고 생각보다 시간이 많이 걸린 이유에 대해 이야기를 나눠보자.

아이들은 시간을 예측해본 경험이 없기 때문에 이런 연습을 여러 번 반복해야 한다. 연습을 반복하다 보면 아이 스스로 노는 시간을 조정하거나, 숙제를 먼저 하고 노는 것이 낫겠다는 판단을 내리기도 한다. 어떤 일을 하는 데 걸리는 시간을 예측해보는 연습은 아이가 시간관리를 하는 데 매우 중요한 역할을 한다.

학습계획을 스스로 짜는 중학교 3학년이나 고등학생이라면 노트에 해야 할 일을 적은 다음에 그 일에 걸리는 예상시간과 실제 걸리는 시간을 적게 하자. 이렇게 하다 보면 대충 수학문제 하나를 푸는 데 3분 정도 걸린다든지, 10분 동안 영어단어 10개를 외울 수 있다든지 하는 시간 측정이 가능한 계획을 세울 수 있다.

어린아이라면 시간을 대충이라도 측정해볼 수 있는 기회를 만들어보자.

"엄마랑 같이 마트 가서 장보는 데 걸리는 시간이 얼마나 될까?"

"외할머니 집까지 가는 데 시간이 얼마나 걸릴까?"

생활 속에서 아이에게 시간을 예측하게 해보는 방법은 수도 없이 많다. 예를 들어 설날에 외할머니 집에 세배를 간다고 치자. 가는 길에 아이는 수시로 얼마나 남았느냐고 물을 것이다. 어른들 대부분은 "조금만 더 가면 돼"라고 무심하게 대답하는데, 그러지 말고 지금까지 걸린 시간과 남은 시간을 정확하게 알려주도록 하자. 시간관리를 위한 연습시간을 찾자면 그 기회는 수도 없이 많다.

시간관리 습관은 성취감이 좌우한다

모든 사람에게 시간은 공평하게 주어진다. 요즘은 시간관리를 하겠다는 의지가 없으면 무엇을 했는지도 모른 채 허무하게 시간을 흘려보내기 쉽다. 제 시간에 드라마를 못 봐도 다시보기가 가능하고, 스마트폰을 통해 언제 어디서든 친구들과 수다를 떨 수 있다. 따라서 반드시 해야 할 일을 위해 시간을 따로 만들어놓지 않으면 벼락치기 인생으로 전락하는 건 시간문제다.

시간의 우선순위에서는 급한 일보다 중요한 일을 앞에 두어야 내가 하고 싶은 일을 여유 있게 할 수 있다. 아이들에게 시간관리법을 가르쳐주려면 어른들이 먼저 알아야 한다. 흔히 우리는 '시간관리'를 대충 흘려보내는 시간을 줄여서 공부시간을 늘리는 것이라고 생각한다. 그런데 정말로 시간관리를 잘하게 하려면 먼저 아이가 시간관리에 대한 성취감을 맛보게 하는 게 좋다.

예를 들어, 아이가 수학 문제집 한쪽 풀기와 책읽기를 해야 한다고 치자. 이

때 아이가 중요한 것의 우선순위를 정해서 두 가지 일을 잘해냈다면 아낌없이 칭찬해주고 나머지 시간은 자유시간으로 주는 것이다. 엄마가 욕심을 부려서 무리한 계획을 세워놓고 그대로 하라고 요구하면 아이들은 불평을 쏟아내며 하는 척만 한다. 그러므로 아이 스스로 주어진 시간 안에 해야 할 일의 우선순위를 정하도록 하고, 그 일을 마무리했을 때는 칭찬해주고 긍정적인 피드백을 주어야 한다.

칭찬을 할 때는 결과에 대한 칭찬보다 "약속을 잘 지키려고 노력하는 모습이 보기 좋구나" 또는 "해야 할 일을 다 끝냈으니까 남은 시간은 여유 있게 쓸 수 있겠구나"라고 칭찬하는 게 좋다. 그 칭찬을 받은 아이는 다음 계획도 해낼 수 있다는 자신감을 갖게 되고, 다른 사람에게 보여주기 위해서가 아니라 자기 할 일을 책임감 있게 끝내면 어떤 결과가 있을지를 생각하면서 일을 하게 된다. 결과적으로 이러한 시간관리 습관이 자기주도학습 습관을 만든다.

학년이 높은 아이들도 습관이 되어 있지 않으면 시간관리가 어렵다. 습관은 사람을 성공으로 이끄는 비결이 되기도 하고, 인생을 망치는 지름길이 되기도 한다. 게다가 갖고 싶다고 해서 마음대로 가질 수 있는 것도 아니고, 버리고 싶다고 해서 쉽게 버릴 수 있는 것도 아니다.

아이들이 시간관리 습관을 들이기 위해서는 해야 할 일 몇 가지를 가지고 적어도 6개월 정도 연습기간을 거치는 게 좋다. 처음에는 어렵고 힘들겠지만 시간이 지나면 고민하는 시간 없이 바로 실행에 옮기는 수준으로 발전하게 된다. 그러니 이제 아이와의 신경전은 그만두고 아이 스스로 시간관리를 할 수 있도록 지혜를 발휘해보자.

새로운 미래는
다양성이 만든다

세상의 모든 아이들은 제각각 다르다. 생김새도 다르고, 잘하는 것도 다르고, 하고 싶은 것도 다르다. 이렇게 다른 아이들을 똑같은 방법으로 공부시키고 똑같은 답안지를 요구하는 시험을 보게 하고 똑같은 잣대로 평가하는 것은 명백한 잘못이다. 이런 교육환경에서는 다양한 관점으로 사고하는 능력을 키우기가 어렵다.

다양성을 인정하지 않는 세상은 미래가 없다

경쟁은 같은 목표를 바라보는 사람들이 서로 능력을 겨루는 것이므로 반드시 소수의 승자와 다수의 패자가 존재한다. 그 결과는 명암이 갈리더라도 과정은 모두에게 공평해야 한다.

지금의 교육 현실에서는 일단 공부를 잘하는 것이 중요하다. 등수 경쟁에서 살아남기 위해 아이들은 어제도 오늘도 밤늦게까지 학원을 지키고 과외를 받는다. 하지만 미래에는 자신의 꿈을 위해 다양한 분야를 배우고 다양한 방법으로 성장할 수 있는 기회가 많을 것이다. 현실이 되기에 너무 먼 이야기처럼 들리겠지만, 우리나라는 이미 개인의 다양성을 인정하고 학생 각자의 능력과 적성에 맞는 교육, 학생의 잠재력을 최대한 이끌어내는 교육을 지향점으로 삼고 있다.

소수를 위한 교육이 더 이상 유지되어서는 안 된다. 교육의 혜택을 받지 못하는 학생이 있어서도 안 되며, 모든 학생이 유익한 지식을 즐겁게 배울 수 있어야 한다. 미래의 가치를 창조하기 위해서라도 모든 학생이 공평한 교육을 받아야 한다.

미래학자 앨빈 토플러는《부의 미래》에서 미래사회는 조직력에서 창의성으로, 물질적 자산에서 지식자산으로, 제조중심에서 서비스중심으로 바뀔 것이라고 예측했다. 바야흐로 무형의 지식자산이 국가나 기업의 경쟁력을 좌우하는 시대가 될 것이라는 이야기다. 지금도 한 사람의 생각과 아이디어가 수만 명을 먹여 살리는 일이 가능하다. 일찍이 세상은 창조적인 소수의 사람들이 변화를 만들어왔지만, 이제는 창조성뿐 아니라 창의성과 다양성을 기반으로 세상이 변하고 있다.

스티브 잡스가 아이폰 4를 소개하면서 "애플은 단순히 기술을 개발하는 회사가 아니다. 인문학과 기술을 결합하는 회사이다"라고 말한 것처럼 현대는 다양한 학문이 융합하는 다양성의 시대이다. 다양성의 근간은 다름을 인정하는 유연성이다. 나와 타인을 인정하는 것, 학문과 학문의 경계를 허무는 것이 다양성인데, 그 다양성은 모든 것을 가능하게 한다.

예를 들면, 기상이변에 대처하기 위해서는 물리학이나 화학, 기상학을 알아야 한다. 하지만 이러한 학문을 통해서는 원인과 현상만 파악할 뿐 대처방법까지 알 수는 없다. 대책을 마련하려면 경제학과 행정학을 알아야 한다. 게다가 대중들에게 기상이변을 알려주려면 심리학이나 커뮤니케이션도 알아야 한다.

또한, 의사가 되려면 예전에는 공부만 열심히 하면 됐지만 이제는 프랜차이즈 경영을 하는 병원이 많아서 경영도 알아야 한다. 환자 경쟁이 치열해져서 진료 서비스도 소홀히 할 수 없다. 이런 것들이 바로 다양성이다. 다양성을 인정하지 않는 세상에서는 어떤 새로운 것도 기대하기 어렵다.

미래의 가능성을 내다보라

교육에서 다양성은 특히 중요하다. 우리나라는 순수학문이나 기초과학 같은 학문을 공부하는 사람들이 점점 줄어들고 있다. 이공계 학생들 중에 공부 좀 한다는 학생들은 모두 의학전문 대학원으로 진로를 정한다. 이러한 현상은 왜 우리나라에서 노벨상 수상자가 나오지 않는지를 방증하는 것이기도 하다.

직업에서도 다양성은 점점 더 중요한 가치가 되고 있다. 사라지는 직업, 사라졌다가 다시 나타나는 직업, 이전에는 없었지만 새로 생겨난 직업까지 직업의 세계는 점점 다양성을 띠고 있다. 다시 말해 10년, 20년 후에는 어떤 직업이 사라지고 어떤 직업이 생기고 어떤 직업이 다시 각광받을지 알 수 없다는 말이다. 지금 사회적으로 유망하고 촉망받는 직업이라 해서 미래에도 그러리라는 보장은 없다. 아이에게 지금 잘나가는 전공을 강요하는 것은 무의미한 일이라는 말이다.

지금껏 우리 사회에서 핵심적인 역할을 하는 사람들은 좌뇌 교육을 받은 좌뇌 성향의 사람들이었다. 그러나 앞으로 다가올 다양성의 시대에는 우뇌 교육을 받은 우뇌 성향을 가진 사람들이 중심에 설 것이다.

미국의 미래학자 다니엘 핑크는 저서 《새로운 미래가 온다》에서 우뇌의 중요성을 다음과 같이 피력한다.

- **기능만으로는 안 된다. 디자인으로 승부하라.** 지금은 없어서 못 쓰고, 없어서 못 먹는 시대가 아니다. 학생들 가방 속의 필수품만 살펴봐도 알 수 있다. 필통은 필기구를 담는 기능을 가진다. 그런데 학생들이 필통을 살 때는 단순히 필기구를 넣기 위해 사는 것이 아니라 자신의 취향이나 선호하는 색깔, 크기, 디자인을 보고 선택한다. 엄마들이 가전제품을 살 때도 마찬가지다. 기능이 논리에 맞게 갖춰져야 하는 좌뇌라면 디자인은 상상과 창의의 결과물로 우뇌를 의미한다.

- **단순한 주장만 해서는 안 된다. 스토리를 겸비하라.** 논설문적인 요소도 중요

하지만 하나밖에 없는 스토리를 만들 수 있는 독창성과 창의성이 요구된다. 주장을 스토리로 전개하는 것은 매우 유의미한 일이며, 우뇌적 기능을 요구한다.

- 21세기가 요구하는 능력은 분석능력이 아니다. 통합하라. 'A는 맞고 B는 틀리다'고 분석하는 것이 아니라 공생적 관계에서 둘을 보고 통합하는 능력이 요구된다. 노트정리를 예로 든다면 글을 빼곡히 써넣는 방식이 아니라 이미지로 요약하거나 마인드맵을 통해 즐겁게 기억하도록 한다.
- 논리만으로는 부족하다. 공감하라. 논리적인 것을 전달할 때에도 공감능력이 필요하다. 논리적으로 설명해야 할 무언가가 있다면 딱딱하지 않은 방법으로 서로 소통하고 공감해야 한다.
- 진지함으로는 충분하지 않다. 놀이를 즐겨라. '조금 더 즐겁게, 조금 더 효율적으로, 조금 더 빠르게'라는 삶의 지향점은 놀이 속에서 찾을 수 있다.
- 물질의 축적만으로는 부족하다. 의미를 찾아라. 사람들이 노동과 직업을 갖는 이유는 저마다 다르다. 하지만 적어도 굶어 죽는 것을 피하기 위해 어떤 일이라도 감수하겠다는 사람들은 얼마 되지 않는다. 이 시대의 사람들에게는 '나에게, 내 삶에, 내 가치에 의미 있는 일'이 중요하다.

우리 부모들은 세상의 변화를 빨리 인지해야 하고, 아이들의 다양성을 키워주기 위해 유연한 사고를 해야 한다. 아이들이 가진 감성과 상상력을 마음껏 펼치면서 어떤 분야로 진출하든지 상황에 맞게 스스로 변화해갈 수 있도록 다양성을 키워주도록 하자.

좋은 성품이
곧 리더십이다

리더라고 하면 흔히 앞서는 사람, 지휘하는 사람, 이끄는 사람을 떠올린다. 그래서 리더십과 어울리는 직업을 꼽으라고 하면 아이들은 장군, 군인, 선생님을 든다. 어른들에게 질문해도 대답은 크게 다르지 않다. 리더십의 개념을 윗사람이 아랫사람을 이끄는 식의 수직적인 관계로 이해하고 있는 듯하다.

서점에 나가보면 리더십에 관한 책들은 넘쳐난다. 조직 리더십부터 아이의 리더십에 이르기까지 그 종류도 수십 가지다. 최근에는 서번트 리더십을 많이 얘기하는데, 섬기고 배려하고 다른 사람을 위해 베푸는 리더십을 가리킨다. 그렇다면 이 시대에 서번트 리더십이 각광받는 이유는 무엇일까?

시대가 변하면 리더상도 변한다

우리 주변을 한번 둘러보자. 어떤 사람이 인기가 많고 신뢰를 얻고 인간관계가 좋은지를 눈여겨보면 다른 사람을 배려하는 사람, 사람들의 이야기를 잘 들어주는 사람, 편견이 없는 사람들이다. 사람들은 인격적인 측면에서 수평을 유지하고 동반자적인 관계를 형성하는 사람을 좋아하고 따른다.

예전에는 리더의 핵심역량으로 카리스마를 꼽았다. 타인의 의견을 수용하고 지지하는 사람보다 강하고 명령하고 잡아끄는 힘이 있는 사람을 따른다고 보았고, 실제로 그렇기도 했다. 그런데 지금은 시대가 바뀌었다. 이 시대의 리더로 소개되는 사람들을 살펴보면 자신에게 돈이나 권력이 많지 않아도 사명감을 가지고 사람들에게 베풀고 나누는 리더들이다. 이러한 현상을 들여다봐도 시대의 변화와 리더상이 밀접한 관계가 있음을 알 수 있다.

요즘 사람들은 물질적 풍요로움보다 정신적 풍요로움을 우위에 둔다. 주변 사람들을 돌볼 만큼 마음의 여유도 없고, 하루 24시간이 모자랄 만큼 바쁘다고 말하는 사람들이지만 누군가 내가 못하는 일들을 아무런 이익이나 보상을 바라지 않고 봉사하는 모습을 보면 큰 감동을 받는다. 그럴 때면 '이 세상이 아직은 살만하구나' 하는 느낌부터 '나도 저 사람처럼 살고 싶다'는 생각까지 하는 사람들이 많다.

'한국의 슈바이처'라고 불리는 고 이태석 신부는 펜 모으기 운동을 펼쳐 흙바닥에 나뭇가지로 글을 쓰는 아프리카 수단의 아이들에게 전달하였고, 학교를 지어주었다. 환자를 치료하는 틈틈이 밴드를 만들어 활동하면서 음악으로 그들의 마음을 치유해주었다. 이태석 신부의 어머니는 아들이 의대에 합격했을 때 "네가 대통령이 된 것보다 더 좋구나"라고 말했다고 한다. 그럼에도 불구하고 어머니는 아들이 진정 원하는 일을 위해 신부가 되겠다고 했을 때도, 아프리카로 떠날 때도 아들의 간절한 꿈을 이해하고 보내주었다.

리더십의 바탕은 배려심이다

베풀고 나누고 배려하는 리더십은 봉사를 많이 한다고 키울 수 있는 것이 아니다. 평소에 내 주변을 돌아보면서 나와 다른 사람들을 인정하는 마음, 그 사람들의 마음에 다가서는 태도, 다른 사람을 위해 솔선수범하는 자세가 바탕이 되어야 한다. 다시 말하면 좋은 성품이 곧 리더십이다. 좋은 성품은 사람들의 마음과 행동을 움직이기 때문이다. 성품은 타고나는 면도 있지만 만들어지기도 한다. 좋은 성품을 길러주기 위해서는 남의 입장에서 생각하고 행동하도록 보여주고 실천하는 것만 한 방법이 없다. 이론과 훈계만으로는 좋은 성품을 키워주기 어렵다.

리더십은 '실천'으로 만들어진다. 먼저 가족을 위해 할 수 있는 일들을 생각해보고 실천하도록 독려하자. 그 다음에는 학교 친구들을 위해 할 수 있는 일들을 실천하게 해보자. 많은 아이들과 학부모들이 이 일에 동참한다면 학교폭력 문제의 해결책도 찾게 될지 모른다.

아이들은 흔히 "커서 훌륭한 사람이 되고 싶다"라고 말한다. 부모들 역시 "너는 커서 훌륭한 사람이 되어야 한다"라고 가르친다. 다들 아시다시피 훌륭한 사람은 무조건 공부만 잘해서 되는 것이 아니다. 그보다는 친구들과의 관계 속에서, 가족 간에 해야 할 일을 통해서, 아이들이 생활하는 일상의 곳곳에서 좋은 성품과 인성을 키우는 일에 노력해야 한다. 그러기 위해 아이가 주변 사람들의 어려움과 고충을 이해하고 배려하는 시간이나 기회를 가지도록 힘써야 할 것이다.

스스로 인생 계획을 짜지 않으면
다른 사람이 우리 인생을 지배할 것이다.

• 피터 드러커 Peter Drucker •

5장

부모의 생각이
바뀌어야
아이가
변한다

아이의 인성이
진정한 실력이다

　'인성(人性)'의 사전적 의미를 찾아보면 '사람의 성품', '각 개인이 가지는 사고와 태도 및 행동 특성'이라고 나와 있다. 사람은 스스로 판단하고 사고할 수 있는 뇌를 발달시켜 완성시키기까지 약 10년 정도가 걸린다고 한다. 10년이라는 긴 시간 동안 뇌를 통해 정보와 지식을 습득하고, 반복되는 습관으로 기능들을 통합해가면서 사회인으로 살아갈 준비를 하는 것이다. 말하자면, 그 10년은 어떤 사람으로 살아가느냐를 정하고, 한 사람의 성품이 만들어지는 시간이라고 할 수 있다.

우리는 흔히 사회성을 키워주거나 교육을 통해 잘못된 인성을 바로잡을 수 있다고 생각하지만, 인성은 웬만한 학습이나 외적인 자극으로 바꾸기 어렵다. 이것이 어린 시절의 인성교육이 중요한 이유이다.

가장 큰 경쟁력은 '인성'이다

그렇다면 세상을 살아감에 있어 '인성'과 '실력' 중 어느 것이 더 중요할까? 이런 질문을 던지면 얼마 전까지만 해도 기업이나 조직에서는 인성은 조금 부족하더라도 실력이 있어야 한다고 대답했다. 이렇듯 인성과 실력을 따로 떼어놓고 보는 시기도 있었다. 하지만 이제는 인성과 실력을 별개로 받아들이지 않는다. '인성이 진정한 실력'이라는 슬로건까지 내세우며 인성의 중요성을 강조하고 있다.

지난 2012년 7월 프레스센터에서는 '인성교육 범국민실천연합' 출범식이 있었다. 기업과 정부, 학교 등 전 기관에서 바람직한 인성교육을 실천하여 인성 강국으로 우뚝 서자는 실천운동을 선포하는 자리였다.

출범식에 참가한 H기업의 인사 담당자에 따르면, 예전에는 직원을 채용할 때 실력을 검증하기 위해 시험을 보거나 실력을 가늠할 수 있는 면접을 실시했는데, 최근 인성의 중요성이 강조되면서 세 차례에 걸쳐 심층 인성면접을 실시한다. 인재 채용과정에서 인성이 결정적인 선발요소가 된 데는 이유가 있다. 화려한 스펙을 믿고 뽑았는데 어려운 문제에 부딪치면 해결하려는 노력 없이 남에게 떠넘기거나 회피하려는 의지박약의 신입직원들이 많아졌기 때문이다.

최근 입시에서는 학생들의 성적뿐만 아니라 고등학교 시절의 비교과활동이나 인성 덕목도 평가기준으로 삼는다. 인성 덕목에서 높은 평가를 받고 대학에 들어온 학생들은 적응능력이나 학업성취도도 매우 높은 것으로 나타났다.

미래사회에서는 인성이 가장 큰 경쟁력이 될 것이라고 전망하는 사람들도 많다. 올바른 인성을 가진 아이로 키우기 위해서는 학교교육과 가정교육도 중요하지만 그것을 실천하기 위해 주변 어른들의 도움이 절실하다. '아이 하나를 키우는 데는 온 마을이 필요하다'는 말처럼 아이들의 올바른 인성 실천교육을 위해서는 어른들이 함께해야 한다. 자고 일어나면 수십 건씩 터지는 학교폭력이나 집단 따돌림 현상을 보고 "애들이 저 지경이 될 때까지 학교는 뭘 하고 있는 거야?"라고 푸념만 하는 것은 동시대를 살아가는 어른으로서 직무유기를 하고 있는 것이다.

부모의 인격은 대물림된다

요즘 서점에 가보면 아이의 인성교육을 위한 지침서를 쉽게 구할 수 있다. 하지만 아무리 좋은 책을 많이 읽고 부모교육을 받은 엄마라도 스스로 화를 조절하지 못하고 윽박지르기 일쑤라면 아이에게 좋은 인성을 키워주기 어렵다. 이런 말을 하면 엄마들은 수긍하지 못하겠다는 표정을 짓는다.

"아이를 키우는 일이 그렇게 녹록한 일이 아니에요."

"혼내는 것과 화내는 것의 차이가 대체 뭐죠? 아이가 잘못했을 때 어떻게 매번 조곤조곤 타이를 수 있죠? 그게 말처럼 쉽지가 않아요."

모두 맞는 말이다. 따라서 아이에게 좋은 인성을 키워주는 것은 교육으로만 가능한 일이 아니다. 부단히 훈련하고 습관을 들여야 하는 일이다.

주변에서 어른들에게 존댓말을 쓰는 아이들을 보면 그 부모가 아이에게 존댓말을 쓰는 경우가 많다. 동네 어른들을 만났을 때도 엄마가 먼저 허리 숙여 인사하면 아이들이 따라 한다. 이처럼 아이들에게는 부모의 본보기가 최고의 인성교육이 된다. 또한, 부모의 인격은 그대로 아이의 인격으로 대물림된다. 학교에서도 인성교육을 하지만, 특히 부모로부터 물려받은 인성교육은 아이 인생의 가장 큰 경쟁력이 되어 평생을 따라다닌다.

해보지도 않고 어렵다고만 생각하지 말고 작은 것부터 실천해보자. 먼저 아이 옆에서 알아서 다 해주는 태도부터 고쳐야 한다. 일상생활에서 아이가 자신의 존재감을 느낄 수 있도록 도움을 요구하는 것부터 시작하자. 예를 들어 식사 시간이 다가왔다고 치자.

"우리 아들이 가족을 위해 할 수 있는 일이 뭐가 있을까? 식탁에 숟가락을 놔주면 엄마한테 도움이 될 것 같은데?"

"엄마는 지금부터 저녁을 준비해야 해. 그동안 네가 동생 손을 씻겨주면 좋겠는데 할 수 있겠니?"

학교 다니랴, 학원 다니랴 바빠서 친구들과 놀 틈도 없다며 집 안에서는 손가락도 까딱하지 않으려는 아이들에게 적용하면 좋은 인성교육 방법이다.

좋은 성품은 주변 사람들로부터 인정받고 칭찬받으면서 더욱 견고해진다. 또한, 자기가 할 일을 스스로 하면서 자존감 있는 아이로 성장하는데, 그 역시 인성을 키우는 중요한 요소가 된다. 입시제도에서도 아이들의 봉사활동 이력이 매우 중요한 비중을 차지하고 있는데, 그중에서 가장 중요한 판단 요소는 얼마나 꾸준히 해왔는가이다. 취업을 위해 자기소개서를 작성할 때 꼭 해외 봉사활동을 첨부하는 사람이 있는데, 스펙 쌓기를 위한 봉사활동은 분명 문제가 있다. 그러나 봉사의 의미를 제대로 알려주고 실천해나가도록 한다면 인성뿐 아니라 삶의 목적이 바뀌기도 한다. 지금은 올바른 학교교육과 제대로 된 부모교육이 한목소리를 내어 아이들의 인성을 키우는 일에 힘을 보태야 할 때이다.

'목적을 발견하는 질문'은
관점을 바꾼다

얼마 전부터 '코칭'이라는 말이 대세다. 나는 이 시대의 부모라면 누구나 코치가 되어야 한다고 생각한다. 코치와 마찬가지로 부모도 아이와 수평적인 입장에서 함께 가는 동반자의 역할을 수행해야 하기 때문이다.

부모들은 아이를 어떻게 가르쳐야 할까를 늘 고민한다. 그런데 하나를 고민하는 사이에 늘 새로운 이슈가 불거져 나와 뒤따라가기도 벅찬 게 현실이다. 더구나 변화의 흐름이 어찌나 빠른지 아이들이 살아갈 시대를 예측하는 일은 웬만한 사람에게는 불가능에 가깝다.

부모들은 아이를 가르칠 때 큰 부담을 가진다. 아이가 잘 따라오지 못하는 것 같으면 자신이 부족하거나 잘 가르치지 못해서라고 자책한다. 심한 경우에는 "나는 쓸모없는 엄마야"라고 절망하기도 한다. 부모교육이나 상담을 받으러 오는 엄마들 중에 이런 엄마들이 상당히 많다.

목적을 알면 모든 일에 '의미'가 생긴다

코칭이란 변화와 성장을 위해 관점을 바꿔주는 시도라고 할 수 있다. 그렇다면 코치는 관점이 바뀔 수 있도록 질문을 하고 함께 답을 찾아가는 역할을 하는 사람일 것이다.

우리는 다른 사람들이 뭔가를 하고 있는 모습을 보면 그 일을 왜 하느냐고 묻지 않고 뭘 하느냐고 묻는다. 그것은 아이들에게도 마찬가지다. 아이들이 게임을 하거나 공부를 하고 있을 때 "지금 뭘 하고 있니?"라고 묻지, "왜 그걸 하고 있니?"라고 묻지 않는다.

무슨 일을 할 때 왜 그 일을 하는지 의미를 잃어버리면 열정도 잃게 된다. 이처럼 어떤 일의 동기는 '목적을 위한 목적'이거나 '이유를 위한 이유'가 된다. 그래서 코칭을 하는 사람은 동기를 확인하는 질문을 자주 건넨다. 예를 들면 게임을 하는 아이에게 왜 게임을 하느냐고 묻기보다 "게임이 너에게 왜 중요한지 얘기해줄 수 있니?", "게임을 잘하는 것은 너에게 어떤 의미가 있니?"라고 질문한다. 이런 질문을 받은 아이는 자기가 하고 있는 행동에 대한 의미를 생각하게 된다.

목적을 발견하게 만드는 질문은 관점을 바꾸는 데 매우 중요한 역할을 한다. 일반적인 질문과 코칭질문의 차이는 바로 여기에 있다. 한 번도 생각해보지 않은 것들을 생각하게 만드는 질문을 던지는 것이 바로 코칭의 힘이다. 예를 들어 교사를 상대로 코칭할 때에는 가르치는 목적에 대해 질문해야 마땅하다.

"잘 가르친다는 것은 어떤 의미일까요?"

"가르치는 일이 선생님에게는 어떤 의미인가요?"

이와 같은 질문을 받은 교사는 자신이 하는 일의 목적에 대해 생각해보는 시간을 갖게 된다.

목적을 알게 되면 자신이 하는 모든 일이 의미 있는 일이 된다. 특히 모든 사람에게 의미 있는 일이 아니라 자신에게만 의미가 있다고 생각하면 힘든 일도 해낼 수 있다는 자신감이 생기고, 아울러 자존감도 높아진다. 또한, 빠르게 변화하는 세상에서 가장 필요한 능력으로 꼽히는 '직관력'이 생긴다. 직관력은 자신에 대한 믿음이나 자존감이 없으면 결코 생길 수 없는 능력이다.

모든 답은 아이 안에 있다

그렇다면 부모는 아이가 목적을 찾아 항해하고 있을 때 어떤 역할을 해야 할까? 무엇보다 먼저 아이의 강점을 파악해야 한다. 아이들은 자기 강점을 알아주는 사람 앞에서 자신감과 에너지가 넘친다.

예를 하나 들어보자. 만약 아이와 함께 차를 타고 가는데 앞 차 운전자가 창밖으로 담배꽁초를 버렸다고 치자. 그것을 지켜본 아이는 "저 아저씨처럼 쓰레기를 아무 데나 버리는 사람들을 보면 너무 화가 나요"라고 말한다. 자! 그 다음에 이어질 상황을 한번 상상해보자. 부모의 성격에 따라 반응이 다른데, "우리 일 아니니까 신경쓰지 마"라고 말할 수도 있고, "그러게, 참 매너 없는 사람이네"라고 얘기할 수도 있다. 이런 일상적인 대화를 통해서도 아이의 강점을 찾아주는 부모가 되자. 아이들은 부모나 어른들의 피드백을 통해 자신의 강점을 알게 되기 때문이다.

"창밖으로 담배꽁초를 버리는 사람을 보고 화가 많이 났구나. 엄마가 볼 때 윤지는 도덕성이 참 강한 것 같구나."

아이는 반복되는 칭찬을 통해 '아! 내가 도덕성이 강하구나'라는 자기인식을 하게 된다. 여기에서 "윤지한테 그 도덕성이 왜 중요할까?"라는 질문을 덧붙인 다면 아이는 자신의 강점이라고 생각하는 도덕성에 대해 생각해보는 시간을 갖게 된다. '내게 도덕성은 어떤 의미일까? 왜 나는 도덕성이 낮은 사람들을 보면 화가 날까?'와 같은 질문을 스스로 하고 답하는 과정을 거치는 것이다.

이러한 사고과정은 직업이나 진로를 선택할 때도 영향을 미친다. "왜 그 직업을 갖고 싶니?"라고 물었을 때 "그냥 그 일을 하면 좋을 것 같아서요"라고 대답하는 아이들은 진로 성숙도가 낮은 경우이다. 진로 성숙도가 높은 아이들은 '왜 내가 이 일을 하려고 하지? 나에게 이 일은 어떤 의미일까?' 하고 끊임없이 자신에게 질문하고 답한다.

코칭을 하는 사람은 상대방의 생각에 대해 '틀렸다'가 아니라 '다르다'로 인식

해야 하고, '내가 알려줘야 한다'가 아니라 '저 사람 안에 답이 있다'고 생각해야 한다. 그것이 바로 가르치는 것과 코칭의 차이이다.

'우리 아이는 제대로 할 수 없을 거야'라는 생각은 부모의 노파심과 두려움에서 만들어진다. 노심초사하지 말고 아이 안에 답이 있다고 믿고 지켜봐주자. 아이들은 부모가 목적을 발견하는 질문을 하는 만큼 생각하는 힘을 기른다.

새로운 세대에게는
새로운 교육전략이 필요하다

"여러분은 자녀가 어떤 아이로 자라기를 바라나요?"

부모교육 강연을 시작하면서 이런 질문을 던지면 엄마들은 이렇게 대답한다.

"남에게 베풀면서 사는 사람으로 자랐으면 해요."

"공부는 그렇게 잘하지 않아도 되니까 건강하게만 자랐으면 좋겠어요."

"자기가 하고 싶은 일 하면서 행복하게 살았으면 좋겠어요."

이 세 개의 답변에서 크게 벗어나지 않는다. 그러면 난 이어서 질문을 하나 더

던진다.

"그럼, 그렇게 되려면 무엇이 필요할까요?"

"지금은 학생이니까 열심히 공부해야죠."

"지금 할 수 있는 일이 공부니까……."

엄마들의 대답은 하나의 공식에서 나온 것처럼 비슷하다. 처음 시작은 다른 대답을 하는가 싶었던 엄마들도 장황한 이야기 끝에는 "그러니 공부를 열심히 해야겠죠"라는 말로 마무리한다. 공부만 열심히 하면 다 된다는 부모들의 생각은 대체 어디서 나온 것일까?

성공한 인생이란 스스로 만족하는 삶이다

지금 3, 40대인 부모 세대는 자신의 부모들로부터 "나처럼 살지 말고 공부 열심히 해서 잘 살아야 한다"는 말을 들으면서 학창시절을 보냈다. "공부 열심히 해서 하고 싶은 것 하면서 살아라"는 말의 속뜻은 당신들은 하고 싶은 것을 못 하면서 살았다는 것이다. 그때는 형제자매가 서넛 이상이고 국가 경제적으로도 어려운 시절이어서 실제로 자기가 하고 싶은 것을 다 하면서 살 수가 없었다.

그러나 우리 아이들에게 그 시절 이야기를 해봤자 피부에 와 닿지 않는다. 호랑이 담배 피던 시절의 이야기이고 엄마의 넋두리일 뿐이다. 열심히만 하면 문제가 해결되고, 뭔가를 이룰 수 있고, 그래서 성공했다고 인정받는 시대는 이미 지났다. 지금은 가장 효율적인 방법으로 자신이 좋아하는 일을 하면서 스스로 만족하는 삶을 사는 사람을 성공했다고 말한다. 세대가 바뀌면서 성공에 대한 개념이 바뀌었지만, 안타깝게도 부모들의 생각은 그 변화를 따라가지 못하고 있다. 많이 갖고, 다 이뤄내고, 최고가 되라는 부모들의 주문은 아이들에게 부담스러운 잔소리에 지나지 않는다. 부모들의 교육전략이 바뀌어야 하는 이유이다.

아이들은 점차 자신이 원하는 일을 하기 위해 목소리를 높여갈 것이다. 하고 싶은 일을 위해 모험을 감수하고, 세계 여러 나라 사람들과 소통하면서 부모 세대가 겪어보지 못한 많은 일들을 경험할 것이다. 그런 삶을 살아갈 아이들에게 "그런 일은 경제적으로 안정적이지 않단다" 혹은 "그런 일로는 가족을 책임질 수 없단다"라고 말리는 부모는 시대를 역행한다고밖에 말할 수 없다.

통합의 시대에는 기초학습능력이 무기가 된다

아직까지도 초등학교 때부터 전략을 세워 1등을 하라고 부추기는 부모가 있다. 그런 미련한 부모가 되지 않기 위해서는 입시제도가 어떻게 변하는지 늘 눈여겨봐야 한다. 이제 공부의 필요조건은 학습능력을 일정 수준만큼 갖추는 것이다. 대학의 입시평가 역시 얼마나 많이 배우고 외웠는지를 평가하는 것이 아니라, 대학에 들어와서 수업 내용을 얼마나 잘 받아들일 수 있느냐를 평가하고, 아이의 잠재력과 가능성을 살핀다.

그러니 초등학교 때는 기본 생활습관과 기초학습능력, 즉 읽고 쓰고 듣고 말하는 능력을 키우고 배우는 데 힘써야 한다. 그런 것쯤은 이미 유치원에서 다 떼지 않았냐고 말하는 부모가 있을지 모르겠다. 그런 부모라면 아이에게 교과서

읽기 책을 한번 읽혀보자. 그러면 내가 지금 하는 말을 이해하게 될 것이다. 저학년의 경우, 읽고 쓰는 게 가능한 아이라도 십중팔구는 읽는 것 자체를 매우 힘들어한다. 게다가 방금 읽은 내용에서 무슨 단어가 나왔는지를 기억하지 못하는 경우도 많고, 읽은 내용을 말로 설명해보라고 하면 제대로 설명하는 아이는 손에 꼽을 정도다. 그것은 기초학습능력이 부족하다는 증거이다.

잘못된 방법으로 공부하는 아이는 고학년으로 올라갈수록 공부를 힘들어하고, 나중에는 공부 자체에 흥미를 잃게 된다. 암기능력은 시험으로 평가할 수 있지만, 문제해결능력이나 이해력이 어느 정도인지는 확인할 길이 없다.

과거에는 공부만 잘하면 의사가 될 수 있었지만 지금은 서비스 정신이나 비즈니스 정신까지 갖춰야 의사로서 성공할 수 있다. 원하는 직업에 따라 배워야 할 것이 다르겠지만 앞으로는 어떤 분야에서 일하든 이미 배운 것을 써먹기보다, 계속해서 새로운 것을 배우면서 좀 더 첨단화되고 자동화되는 시스템에 적응하는 능력을 키워야 할 것이다. 아이들은 계속해서 배우지 않으면 도태되는 세상에서 살아야 하는 셈이다.

아이가 영어를 배운다면 영어를 실생활에서 활용해볼 방법을 고민하고, 토론연습이 필요한 아이라면 집에서도 타당한 근거를 들어 자기 생각을 상대방에게 전달하는 연습을 시켜보자. '학원에 보냈으니 뭔가 배워오겠지', '이만큼 열심히 가르쳤는데 언젠가는 빛을 보겠지'라는 막연한 생각과 믿음만 가지고는 안 된다. 우리 아이들은 과학자가 인문학 책을 쓰고, 수학자가 그림을 그리고, 요리사가 가수를 겸하는 시대를 살아야 하며, 자신의 의지와 무관하게 무한경쟁에 뛰어들어야 한다. 기초와 기본을 확실하게 다지고 난 후에 스스로 생각하고 계획하고 평가하는 능력을 키워야만 미래 경쟁력을 갖출 수 있다는 점을 기억하자.

회복탄력성,
실패 경험이 만든다

'실패 총량의 법칙'이란 세상에 존재하지 않는다. 일정 수준의 실패를 하면 더 이상 실패할 일이 없다거나, 내 몫의 실패를 평생에 걸쳐 조금씩 나누어 실패할 수는 없다는 말이다. 인생을 살다 보면 언제 어디서 실패를 겪을지 알 수 없고, 그 실패가 언제 끝날지도 알 수 없다. 이렇듯 실패에서는 어떤 법칙이란 게 존재하지 않는다. 하지만 나는 '실패 전반의 법칙'은 있다고 생각한다.

실패 전반의 법칙이란 인간이라면 누구나 실패를 겪어야 하고, 또 실패를 해야 얻을 수 있는 게 있다면 미리 경험하는 편이 낫다는 것이다. 실패를 빨리 겪게 되면 교훈도 빨리 얻고, 교훈을 얻은 사람은 다음에 같은 상황이 벌어졌을 때 실수 없이 문제를 해결할 가능성이 크다. 실패를 다시 겪는 경우도 있지만 그것 역시 처음보다 더 잘 견뎌낸다.

설명하지 말고 경험을 시켜라

많은 부모들이 아이의 실패를 긍정적으로 바라보지 못한다. 그래서 아이가 뭔가에 실패하면 다시는 같은 실수를 반복하지 말라고 혼을 내는 경우가 많다.

그런데 사고방식을 바꿀 필요가 있다. 아이들에게 세상은 온통 호기심 천국이다.

'저건 뭘까?'

'저건 왜 그럴까?'

'저걸 만지면 어떤 느낌일까?'

'나도 저렇게 해보고 싶다.'

호기심이 많은 아이는 지적 욕구가 큰 아이다. 그런데 그 호기심을 행동으로 옮기면 실수나 무모한 행동으로 바라보는 어른들이 많다. 우리는 아이를 있는 그대로의 아이로 봐줘야 한다. 어른들의 기준으로 아이의 행동을 판단하거나 평가해서는 안 된다. 어른들에게는 거뜬한 일이라도 아이에게는 감당하기 어려운 일일 수 있다. 아이의 지식과 통찰력은 그런 작은 실패와 성공 경험들이 모이고 쌓여서 만들어진다.

중학생이 되어도 어른들이 생각하기에 무모해 보이는 꿈을 꾸고 있는 아이들이 많다. 부모 입장에서는 그런 아이가 못마땅할 수밖에 없다.

어느 날 저녁식사를 하는 자리에서 바리스타가 되고 싶다고 말하는 아이가 있었다. 왜 바리스타가 되고 싶으냐고 묻자, 아이는 어깨를 으쓱해 보이더니 말했다.

"드라마에서 보니까 바리스타 멋지던데요. 하얀 셔츠에 길고 까만 앞치마를 둘렀는데……."

부모 입장에서는 한숨이 절로 나올 법한 대답이긴 하다. 어른스러운 대답을 기대했던 것은 아니지만, 이 정도만 대답했어도 부모는 한숨을 쉬지 않았을 것이다.

"정말 바리스타가 되고 싶어요. 시간도 여유롭고 음악도 즐기고 사람들도 만나고 맛있는 커피까지…… 너무 행복할 것 같아요."

요즘 중학생들은 세상에 얼마나 다양한 직업이 있는지 잘 모른다. 대기업이나 전문직이 아닌 이상 아빠가 무엇을 하는 회사에 다니고 구체적으로 어떤 업무를 담당하는지 모르는 아이들이 태반이다. 아마 알고 있는 직업이라고는 부모님이나 친척들의 직업, 혹은 자신이 미래에 갖고 싶은 직업이나 TV 드라마속 주인공의 직업밖에 없을 것이다. 직업의 세계에 대해 알 수 있는 계기가 거의 없다 보니 직업상의 롤모델을 찾기도 어렵다. 그러니 단지 하얀 셔츠에 까만 앞치마를 두른 모습이 멋있어 보여서 바리스타가 되고 싶다고 하더라도, 아이가 그런 꿈을 가지고 있다면 한번쯤 직접 경험해볼 수 있는 기회가 있는지를 찾아보는 것이 좋다.

아이들은 몇 시간만 그 일을 체험해보면 자신의 생각이 안일했음을 깨달을 것이다. 자신의 기분과 상관없이 항상 친절하게 손님을 대해야 하고, 주방과 테이블도 손 빠르게 정리해야 하며, 여유로운 음악 감상은커녕 잠시 앉아있을 틈도 없다는 것을 아는 데는 채 한 시간도 안 걸릴 것이다. 이런 체험을 할 수 있다면 부모가 붙들고 앉아서 긴 설명을 할 필요가 없다.

아이가 환상에 빠진 듯 얘기한다고 해서 "넌 도대체 언제 철들래?" 혹은 "한심해서 들어줄 수가 없구나"라고 부정적인 반응을 보이면 아이는 부모의 말에 귀를 기울이기는커녕 괜히 말해서 잔소리만 듣게 됐다고 생각한다.

아이의 꿈은 어릴수록 자주 바뀐다. 그때마다 부모가 "또 바뀐 거야?"라고 반응을 보여서는 안 된다. 되도록이면 긍정적인 반응으로 아이의 꿈을 지지해줘야 한다. 그러면 아이는 꿈을 이야기할 때 더 신중을 기하게 된다.

실패에 대한 내성은 경험이 만든다

부모들은 아이의 실패를 편안한 마음으로 받아들이지 못한다. 아이가 뭔가를 시도했다가 실패하면 낙오자가 되지 않을까 심각하게 걱정한다. 실패와 성공에 대해 유연한 아이로 키우고 싶다면 부모부터 유연한 태도를 보여야 한다. '실패는 성공의 어머니'라는 말을 구태의연한 말로 생각하는 사람들이 많은데, 그것은 오늘날에도 통용되는 진리이다. 실패에 너그럽지 않은 부모 밑에서 자라는 아이들은 실패 경험이 적다. 부모가 실패할 가능성이 있는 일은 아예 시도도 못하게 막아버리는 탓도 있고, 아이 역시 실패 가능성이 조금이라도 보이면 시도하지 않기 때문이다. 어떡하든 아이의 실패 경험을 줄이려는 부모들은 평생 아이의 방패가 될 각오를 하기 바란다. 그럴 수 없다면 모든 기회를 열어줘야 한다. 실패에 대한 내성은 경험을 통해 생기기 때문이다.

실패 경험이 없는 아이들은 유약하고 의존적인 경향이 강하다. 회복탄력성 resilience이란 위기나 역경을 극복하고 행복이나 긍정적인 상태로 돌아가는 인지 능력, 즉 역경을 이겨내는 긍정적인 힘을 의미한다. 벽에 공을 던질 때 세게 던질수록 탄력과 속도가 더해져 빨리 제자리로 돌아온다. 심리적인 회복탄력성 역시 마찬가지다. 회복탄력성이 큰 사람은 크나큰 좌절을 경험해도 꿋꿋하게 다시 튀어오른다.

사람의 회복탄력성은 선천적인 것도 없지 않지만 후천적인 경험이나 양육방법에 따라 크게 달라진다. 부모가 아이의 실패 경험을 긍정적으로 바라보아야 하는 이유가 여기에 있다. 또한, 실패를 긍정적인 방식으로 받아들이고 해결해 나가는 습관을 만들어줘야 한다.

아이가 한 번 실패한 것을 놓고 모든 노력이 물거품이 되었다고 호들갑을 떨어서는 안 된다. 실패했을 때 아이가 느낀 감정을 솔직하게 표현하게 하고, 그 경험에 의미를 부여하게 하며, 그 후에는 실패로 인한 좌절감을 빨리 극복하도록 도와야 한다. 그렇다고 "이제 그만 그 일은 잊어버리자" 혹은 "빨리 그 일에서 벗어나야 하지 않겠니?"라고 채근해서는 안 된다. 시험공부를 열심히 한 아이가 성적표를 받아들고 힘들어한다면 "성적이 좋지 않아 속상한가 보구나", "열심히 공부했는데 결과가 좋지 않아서 억울하겠구나"라는 말로 아이의 감정을 이해하고 보듬어줘야 한다.

감정을 표현하는 법을 잘 모르는 아이들은 기분이 좋지 않을 때 늘 "짜증나"라는 한마디로 표현하는 경우가 많다. 요즘 아이들은 기분이 좋을 때는 "대박!", 기분이 나쁠 때는 "쩔어"라고 하는데, 그 말로 다 통한다고 한다. 아이들은 자기들끼리만 통하는 신종 언어를 가지고 있는 것 같다. 그런데 문제는 자신이 어떤 감정을 느끼는지, 그 감정이 어디서 어떻게 시작되었는지에 대해 별 관심이 없다는 것이다. 다른 사람도 아닌 자신이 느끼는 감정조차 명확하게 표현하지 못한다는 게 너무 안타깝다. 감정을 표현하는 것은 나 자신에게도 중요하지만 상대방을 이해하는 차원에서도 꼭 필요하다. 따라서 어떤 일이든 아이 스스로 주인공이 되어 경험하게 하고, 성공이나 실패를 겪은 후에는 그때의 심정이 어땠는지를 표현할 수 있는 시간을 가지도록 하자. 그리고 그 경험을 통해 무엇을 얻었는지를 이야기한다면 아이는 자신의 생각이나 결과 앞에서 훨씬 더 자유로워질 것이다. 자율적인 아이들은 그만큼 책임감도 강하다는 사실을 기억하기 바란다.

행복한 엄마가 되면
좋은 엄마는 저절로 된다

좋은 엄마는 '되어주는 것'이고, 행복한 엄마는 '살아가는 것'이다. 되어준다는 말은 누군가를 위한 수동적인 삶을 말하고, 살아간다는 것은 나를 위한 능동적인 삶을 가리킨다.

이 세상에서 가장 아름다운 관계를 꼽자면 가족이 아닐까 싶다. 서로를 위해 진심어린 마음으로 무엇이든 해줄 수 있는 소중한 공동체이기 때문이다. 그중에서도 가장 특별한 존재는 아마 엄마일 것이다.

그런데 늘 '희생'이라는 단어가 따라다니는 우리나라 엄마들의 모성을 외국에서는 '거짓 모성'이라고 말한다고 한다. 시대가 변해서인지 알 수 없지만 실제로 아이들은 엄마의 희생에 대해 마냥 감사해하지는 않는다. 주위에 극성 엄마들이 너무 많아서인지 알 수 없지만 "우리 엄마도 그 정도는 해야 되는 거 아냐? 당연히 해줘야 할 걸 가지고 왜 이렇게 생색을 내는지 모르겠어"라고 말하는 아이들을 심심찮게 보았다.

좋은 엄마로 살기 위해 희생하는 모습이 더 이상 미덕도 아니고 아름다워 보이지도 않는 이유는 무엇일까? 그 최대 수혜자인 자식들마저 고운 시선으로 바라보지 않는 이유는 대체 무엇일까?

'좋은 엄마 신드롬'에서 벗어나라

예나 지금이나 엄마들의 희생은 크게 바뀌지 않았다. 다만 과거의 엄마들이 일방적으로 희생하면서도 밖으로 드러내지 않았다면 요즘 엄마들은 아이가 스트레스를 받을 정도로 자신의 노고를 표현한다는 차이가 있다.

"내가 지금 누구 때문에 이렇게 밤잠 안 자고 깨 있는지 알지? 엄마 생각해서라도 공부 열심히 해야 한다."

이런 식이다.

오로지 아이들의 뒷바라지와 온갖 교육정보를 섭렵하는 데만 24시간을 보내는 엄마들도 많다. 그러면서도 자신이 늘 모자라다고 생각하고, 아이 성적이 떨어지면 모두 자기 탓이라고 생각한다.

이렇게 좋은 엄마 신드롬에 빠지는 이유는, 아이의 성취를 통해 성취감을 얻고자 하는 엄마들의 보상심리 때문이다. 그래서 지나칠 정도로 아이에게 집착하고, 아이를 위해 가족 모두가 희생하는 것을 당연시한다. 그런 집안 분위기에서 아빠의 행복은 순위 밖으로 밀려난 지 오래다. 그저 열심히 일해서 제때 월급을 갖다 주는 역할을 할 뿐이다.

그렇다면 이렇게 사는 엄마는 과연 행복할까? 자신의 꿈도 없고, 색깔도 없고, 원하는 것은 아이가 잘되는 것뿐인 인생이 과연 행복할 수 있을까? 아이와 소통이라도 잘 되면 다행이지만 그런 경우는 매우 드물다. 친구의 아이들은 다들 훌륭한 것 같은데 내 아이만 평범한 것 같아서 낙심하는 경우도 많다. 그 속에서 아이가 잘못되면 어쩌나 하는 불안감을 안고 살아갈 뿐이다.

어쩌면 '거짓 모성'은 자식을 위해 무조건적인 희생을 하는 것이 아니라 자식을 통해 자기만족과 보상을 얻기 위해 자식을 불행으로 내모는 엄마들의 잘못된 교육열을 꿰뚫고 있는 말인지 모른다.

엄마가 행복해야 아이도 행복하다

우리는 좋은 엄마보다 행복한 엄마가 되기 위해 노력해야 한다. 그것이 진정으로 아이를 위하는 일이고, 나를 위하는 일이다. 굳이 많은 이유를 열거하지 않더라도 지금까지의 경험을 떠올리면 왜 행복한 엄마가 우선인지 알 수 있을 것이다.

196

남편과 말다툼을 했던 날, 아이를 어떻게 대했는지 떠올려보자. 내 마음이 불편하고 화가 나 있을 때는 주위 사람들에게 말이 곱게 나가지 않는다. 소파에 늘어져서 TV를 보고 있는 아이의 모습은 남편의 판박이로 보이고, 밥을 먹으면서도 만화책에서 눈을 못 떼고 킥킥대는 모습은 한심하기 그지없다. 그렇게 느끼는 이유는 지금 내가 행복하지 않아서다. 그래서 다른 사람들의 행동이나 모습이 다 못마땅하게 보이는 것이다.

엄마가 짓는 행복한 미소는 아이를 편안하게 한다. 행복한 엄마의 눈길은 호수처럼 잔잔하고, 행복한 엄마가 건네는 말은 비단처럼 부드럽다. 그런 엄마의 모습은 아이에게 온화하고 긍정적인 에너지를 전달한다. 그런데 좋은 엄마가 되기 위해 애쓰는 엄마들에게서는 늘 팽팽한 긴장감이 느껴져서 자연스럽지가 않다. 아이들은 엄마의 이런 모습을 가장 먼저 감지해내고, 엄마의 미묘한 표정변화에서도 좋고 싫음을 금세 읽어낸다.

좋은 엄마가 되어야 한다는 의무감에서 벗어나자. 긴장 상태로 지내게 되면 자신에게 너그럽게 대할 수가 없다. 엄마는 아이 곁에 있어주는 것만으로 이미 좋은 엄마이고, 훌륭한 엄마이다. 아이를 생각해서라도 자신이 먼저 행복한 엄마가 되어야 한다. 나 스스로 행복하지 않은 엄마는 아이에게 좋은 엄마가 될 수 없다.

행복한 엄마가 되려면 무엇보다 자신에 대한 칭찬을 아끼지 말아야 한다. 엄마들을 대상으로 강의를 할 때마다 나는 스스로 칭찬받을 점을 적어보라고 한다. 그럴 때마다 엄마들의 반응은 크게 두 가지로 나뉜다. 하나는 자신을 칭찬한다는 게 너무 쑥스럽다는 것이고, 두 번째는 칭찬을 들어본 지 너무 오래 돼서 어떻게 칭찬해야 할지 모르겠다는 것이다.

칭찬을 자주 들어야 칭찬하는 것도 자연스럽다. 스스로 칭찬하기 어렵다면 아이들에게 칭찬을 요구해보자. 혹은 '우리 가족 칭찬의 날'을 만들어서 일주일에 한 번쯤 가족끼리 칭찬 릴레이를 하는 것도 좋다. 사람은 자신이 충분히 인정받고 사랑받고 있다고 느낄 때 가장 큰 행복감을 느낀다. 또한, 자기 자신을 좋아하고 긍정적으로 바라보면 자존감도 높아진다.

자신감은 내가 할 수 있다고 생각하는 마음이고, 자존감은 나라서 혹은 나니까 할 수 있다고 생각하는 마음이다. 자신감과 자존감 모두 자신을 사랑하는 마음과 긍정적인 마음이 밑바탕이 되어야 만들어진다.

나는 가끔 딸과 마주앉아 이야기를 나눈다.

"네가 생각할 때 엄마가 특별히 좋은 점은 뭐니?"

"맛있는 것도 많이 해주고, 다정하고, 또 내 이야기를 잘 들어주는 게 좋아요."

"최근에 엄마가 다정하다고 느낀 건 언제였니?"

"저번에 친구한테 화났던 일을 얘기했을 때요. 엄마가 내 얘길 다 듣고 나서 내 편에서 말해주는 게 기분이 좋았거든요."

아이에게 칭찬을 듣는 일만큼 기분 좋은 일은 없을 것이다. 그것도 그렇지만 구체적으로 질문하고 대답을 듣다 보면 아이와 더 가까워지기도 한다. 아이의 속마음을 더 깊이 이해하는 시간이 될 수도 있다.

남의 시선을 의식하는
부모가 아이를 망친다

요즘 초등학교 주변에 있는 카페는 아침 8시 무렵이면 앉을 자리가 없다고 한다. 아이들이 등교를 하고 나면 엄마들이 삼삼오오 모여들기 때문이다. 아이를 특목고에 보낸 엄마를 모셔시 비법을 듣기도 하고, '수학의 신'이라 불리는 아이의 엄마에게 수학 연습장 쓰는 법을 전수받기도 한다. 비법을 전수해주는 엄마들을 지칭하는 별명이 있는데, 바로 '돼지엄마'이다. 이유인즉 돼지가 다산을 상징하기 때문이란다. 그 엄마들의 비법 전수로 많은 엄마들이 줄줄이 판박이 아이들을 만들어낼 것이니 어쩌면 딱 어울리는 별명이다.

비법 전수에 성공하려면 학원 선택은 물론이고 친구관계, 아이가 읽은 필독서, 아이의 생활습관까지 모두 따라 해야 한다. 엄마들은 궁금한 점이 있을 때마다 돼지엄마에게 묻고, 하나라도 놓칠세라 꼼꼼히 메모한다.

그런데 과연 비법을 전수해주는 엄마는 행복할까? 또, 비법의 주인공인 그 집 아이는 행복할까? 그 아이와 엄마의 관계는 우리가 상상하는 것만큼 좋을까? 남의 눈에 좋아 보이는 자식이 내게도 과연 좋은 자식일까?

1등 한 옆집 아이, 부러워하지 마라

사람들은 백화점 쇼윈도에 멋진 물건이나 예쁜 옷이 진열되어 있으면 안에 들어가 사고 싶은 충동을 느낀다. 그러나 막상 들어가면 기대와 다르게 눈에 들어오는 물건이 없는 경우가 많다. 그도 그럴 것이 쇼윈도에 가장 멋진 물건을 진열해놓기 때문이다.

"누구누구는 정말 좋겠다", "누구 엄마는 아무 걱정이 없을 것 같아요!"라는 말들도 당장 좋아 보이는 진열장 속의 멋진 물건이 내 것이었으면 하는 바람과 비슷하다. 그 바람은 다른 집 아이와 내 아이를 비교하게 하고, 평가절하하며, 내 마음에 화를 불러일으킨다.

"윗집 아이가 이번에 국제중학교에 입학했대요."

"옆집 아이가 영재원에 합격했대요."

"친구네 아이가 수학경시대회에서 1등을 했대요."

당신은 어떤가? 이런 말들을 들어도 마음이 쓰이지 않는 엄마가 있다면 솔직히 거짓말일 것이다. 하지만 그런 마음으로 아이를 키워야 한다. 누가 뭐래도 가장 좋은 것은 내 아이가 내 아이답게 크는 것이다. 내 아이가 어떤 성향을 가졌고, 어릴 적부터 무엇에 관심이 많았는지, 내 아이가 무엇을 할 때 눈을 반짝거리는지 가장 잘 아는 사람은 바로 부모이다. 그럼에도 불구하고 엄마들은 내 아이의 매력이나 재능을 과소평가하거나 무시하고, 남의 집 잘났다는 아이만 부러워한다.

당신은 아이에게 얼마큼의 믿음을 가지고 있는가? 어떤 자부심을 가지고 있는가? 아이가 가진 것이 40퍼센트라면 그 40퍼센트를 어떻게 키워줄 것인지를 고민하고 있는가? 반대로 그 40퍼센트도 발휘하지 못하게 주눅 들게 만들고 있지는 않은가? 아이가 뭔가를 시도했다가 실패하거나 좋지 않은 결과를 냈을 때 흔히 부모는 이렇게 말한다.

"창피해서 이제 아무 데도 못 데려가겠네."

정말로 부모가 창피했을 수도 있다. 그렇지만 지금 가장 힘들어할 아이의 감정과 기분을 어루만져주는 게 먼저다. 아이의 수능점수가 낮게 나왔을 때 엄마가 모임에 안 나가고 친척들 모이는 자리에도 가지 않는 경우가 있다. 이런 행동은 어른답지 못할 뿐만 아니라 아이들에게도 부정적인 영향을 미친다. 그런 모습을 보고 자란 아이는 남의 시선이나 남에게 좋아 보이는 것들을 삶의 우선순위로 두게 된다.

엄친딸의 부모도 남모를 고민이 있다

수정이 엄마는 착했던 딸아이가 지금은 자신을 너무 힘들게 한다면서 딸과의 관계개선을 위해 코칭을 의뢰해왔다. 늦게 본 외동딸이다 보니 부모의 관심은 늘 수정이에게 향해 있었다. 엄마는 아이를 초등학교 6학년 때까지 피아노학원에 직접 데려다 줄 정도로 지극정성이었다. 아이가 전교 1, 2등을 다툴 정도로 공부도 잘해서 모두들 수정이 엄마를 부러워했다. 그런데 아이가 중학교에 들어가면서부터 문제가 생기기 시작했다. 어느 날 수정이는 그동안 엄마가 해왔던 학교 활동을 모두 그만두었으면 좋겠다고 요구해왔다. 수정이 엄마는 아이가 사춘기가 되면서 엄마가 학교에 드나드는 게 싫은 모양이라고 생각했다. 그래도 모든 활동을 갑자기 그만둘 수 없어서 선뜻 그만두지 못하고 있는데, 학교에서 만난 딸아이가 이렇게 말했다.

"엄마가 하라는 공부, 엄마가 나가라는 대회…… 난 다 들어줬어요. 그동안 내가 엄마의 자랑거리로 살았으니까, 엄마도 이제 내가 원하는 걸 들어줘요."

"네가 원하는 게 뭔데?"

"갖고 싶은 화장품이랑 신발이 있어요. 그거 사게 30만 원만 주세요."

너무 당당하게 요구하는 딸의 태도에 마음이 상했지만 차마 안 된다고 말하지 못했다. 그런데 그때 시작된 수정이와 엄마의 조건부 거래는 계속해서 이어졌다. 엄마는 딸의 황당한 요구에 얼굴이 붉어질 때도 있었지만 사춘기라서 그러려니 하면서 못이기는 척 들어주곤 했다. 자식 일이라 자칫 흉이라도 될까 싶어 남에게 말도 못하고 혼자 고민하다 내게 찾아온 것이었다. 수정이 엄마는 아무도 자기 속을 모를 거라면서 눈물을 훔쳤다. 남들 눈에 수정이 엄마는 엄친딸을 둔 남부러울 게 없는 엄마였지만 이런 남모를 사정으로 맘고생을 하고 있었다.

우리 부모들은 내 눈에도, 남들 눈에도 훌륭한 아이로 키우고 싶다는 욕심을 덜어낼 필요가 있다. 조금 부족하면 어떤가? 내 아이를 내 아이답게 키우고, 남들 눈이 아닌 부모 눈에 훌륭한 아이로 키우는 게 현명한 부모이다. 남들 눈에 좋아 보이는 자식을 만든답시고 뒤에서 몰래 눈물 훔치는 못난 부모가 되지 마라. 내 눈에 좋아 보이지 않는 아이가 밖에서 좋은 아이로 비칠 리 없다. 안팎이 다르게 살아간다는 것은 아이에게도 고통이다. 이중생활을 하면서 쌓이는 스트레스와 죄책감은 누구도 대신해줄 수 없기 때문이다.

새로운 일을 시작하거나 남과 다른 길을 걷거나 모르는 분야의 일을 해야 할 때는 신비감이나 기대감도 있지만 무엇보다 두려운 마음이 가장 크다. 이 시대의 부모들은 입시와 경쟁 위주의 세상이다 보니 아이들을 혹독하게 단련시킬 수밖에 없다고 말한다. 하지만 이제는 그런 근시안적인 자녀교육에서 벗어나 미래에 대한 두려움을 떨쳐내고 아이들의 사고력과 잠재력을 깨우는 일에 집중할 필요가 있다.

당신이 꿈에 대해 생각한 것은 언제인가? 당신에게 꿈이 있던 시절, 그 꿈은 무엇으로부터 시작되었는가? 당신은 그 꿈을 위해 무엇을 했는가? 지금도 당신은 꿈을 꾸고 있는가? 그 꿈을 이루기 위해 당신은 어떤 노력을 하고 있는가?

예측 불가능한 시대, 상상력과 잠재력이 무기다

꿈이 없는 사람은 아이의 꿈에, 또 우리 사회의 미래에 대해 관심을 가지기 힘들다. 세상은 늘 이전보다 더 빠르고 편리한 것을 지향하며 진화한다. 따라서 우리 아이들이 성장하여 살아가야 할 세상은 우리의 상상력으로 그려볼 수 없는 신세계일 가능성이 크다.

아이가 가진 상상력과 잠재력이라는 거인이 미래의 어떤 영역에서 깨어나 힘을 발휘할까를 생각해보면 가슴이 두근거린다. 우리 부모들은 그것을 멀고 먼 아이의 미래라고 생각하여 손 놓고 구경만 하고 있어서는 안 된다. 예측이 불가능하다고 미리 포기할 것이 아니라 더 적극적으로 지식과 정보를 찾아야 하며, 세상이 어떻게 변화해가고 있는지 늘 촉각을 곤두세워야 한다.

당장 무엇부터 해야 할지 모르겠다면 먼저 아이의 하루, 일주일, 또 여가시간을 점검해보자. 아이의 꿈에 대해 진지한 대화를 해본 적이 없다면 아이의 속마음을 들여다보는 일부터 시작하자. 아이가 하고 싶은 일이 무엇인지, 왜 그 일을 하고 싶은지를 열린 마음과 태도로 들어주자. 그 다음에는 아이가 무엇을 잘하고 어떤 강점과 단점을 가지고 있는지 파악하자. 아이가 잘하는 일을 즐겁게 하기 위해서는 스스로 자신에 대해 제대로 알고 있는 게 먼저다. 그것을 도와주기 위해 부모는 아이가 만나는 사람들과 배우고 공부하는 것들에 적극적인 관심을 보여주고, 긍정적인 후원자가 되어야 한다.

자녀교육, '빨리빨리'가 망친다

'발묘조장(拔苗助長)'이라는 말이 있다. 급하게 서두르다 오히려 일을 망친다는 뜻으로, 어리석은 농부가 자기 논의 벼가 남의 논 벼보다 키가 작은 것을 고민하다가 벼의 순을 뽑아 올려놓았는데 모두 말라 죽고 말았다는 이야기에서 유래되었다. 혹시 당신은 어리석은 농부처럼 남의 집 아이보다 내 아이가 더 잘되기를 바라는 마음에서 조급증을 부리고 있지는 않은가? 무조건 빨리하는 것이 좋은 것이 아님을 알면서도 우리는 '빨리빨리'를 가슴에 품고 산다. 적어도 자녀문제에 있어서만큼은 '빨리빨리 문화'에서 벗어나자. 자녀를 키우는 부모들에게 조급증은 독임을 잊지 말아야 한다.

자식 잘되기를 바라는 마음이야 모든 부모들의 한결같은 마음이다. 아이가 장래에 자기주도적인 삶을 살아가려면 인생의 크고 작은 어려움을 스스로 해결해낼 수 있는 능력이 필요하다. 그런데 문제해결능력은 처음부터 가지고 태어나는 것도 아니고, 저절로 만들어지는 것도 아니다. 오직 아이에 대한 믿음과 신뢰를 바탕으로 묵묵히 기다려주고 응원해주고 지지해주는 부모들만이 키워줄 수 있다. 이 책을 읽는 당신부터 아이를 전폭적으로 응원해주고 지지해주는 좋은 부모가 되기를 바란다.

목표라는 항구를 모르는 사람에게 순풍은 불지 않는다.

• 루키우스 안나이우스 세네카 Lucius Annaeus Seneca •

아이와 함께하는 진로활동 실천 워크북

진로 불변의 법칙
S-C-J

아이와 함께 재미있는 진로활동 시간을 가져보자.

진로를 찾아가는 3단계는 S(self concept, 자기개념 찾기) − C(career action, 직업세계 탐색) − J(just do it, 실천하기)로 나뉜다. 진로지도의 핵심은 자기이해와 함께 주변의 직업에 관심을 갖고 다양한 정보를 모으며 자신의 위치에서 어떻게 실행하고 실천하느냐에 있다. 아이는 '나만의 로드맵 짜기' 활동을 통해 미래의 자기 모습과 대면하게 될 것이다.

1단계 SELF CONCEPT

1. 자기개념 만들기

　자기개념이란 자신을 어떻게 바라보고, 어떻게 느끼는지, 어떻게 생각하는지를 스스로에게 묻고 답을 찾는 것을 가리킨다. '나'는 여러 가지 특성을 가지고 있어서 한마디로 표현하기는 어렵다. 나 자신도 잘 모르는 나를 찾아가기 위해 나에게 질문을 던지고 답을 찾아보도록 하자.

나의 건강은?

내가 만약 갓난아이라면?

내가 화나는 순간은?

나의 약점은?

만약 다시 태어난다면?

내가 좋아하는 과목은?

내가 싫어하는 사람은?

내가 만약 남자(여자)라면?

나의 외모는?

내가 가장 슬플 때는?

내가 가장 바라는 세상은?

언젠가 나는?

2. 자기 찾기

친한 친구들이 바라보는 내 모습은 어떨까? 친구들이 보는 내 모습을 통해 나의 진정한 모습을 알아보자. 물어볼 친구가 없다면 부모님께 물어봐도 좋다.

어떤 동물과 닮았나요?

화가 날 때는 어떤 모습인가요?

가장 행복해 보일 때는 언제인가요?

꼭 고쳐야 할 점 한 가지가 있다면 무엇인가요?

닮고 싶은 면이 있다면 어떤 점인가요?

가장 멋있게 보일 때는 언제인가요?

만약 만 원을 빌려달라고 한다면 어떻게 하겠나요?

나와 닮은 면이 있다면 어떤 점인가요?

단둘이 하고 싶은 것이 있다면 무엇인가요?

잘할 것 같은 요리는 무엇인가요?

친구들과 잘 지내기 위해 나는 어떤 노력을 해야 할까?

내가 친구들을 위해 해줄 수 있는 일을 구체적으로 적어보자.

3. 자기 강점 찾기

숨겨진 나만의 강점을 찾는 것은 자존감을 키우는 매우 중요한 활동이다.

네모 칸에 나를 표현할 수 있는 수식어를 생각나는 대로 적어보자.

(예 : 재미있는, 도덕적인……)

2단계 CAREER ACTION

1. 직업 세계 알아보기

우리나라에는 2만여 개의 직업이 있다고 한다. 그중에 내가 알고 있는 직업은 몇 개나 될까? 직업의 가치를 생각해보고, 그 가치에 부합하는 직업을 떠오르는 대로 적어보자. 생각이 나지 않으면 주변 사람들의 도움을 받아도 좋다.

직업의 가치	내가 아는 직업	왜 그렇게 생각하나요?
혼자 일해도 심심하지 않은 직업		
사람들 돕는 것을 좋아하는 사람이 가질 수 있는 직업		
돈을 많이 버는 직업		
세상에서 단 하나인 작품을 창조하는 직업		
공부를 아주 잘해야 가질 수 있는 직업		
신체적인 조건이 반드시 충족되어야 하는 직업		
새로운 유행을 만들어가는 직업		
타고난 재능이 없으면 갖기 어려운 직업		
밤늦게까지 일을 해야 하는 직업		

참고 직업의 종류에 대해 잘 모르는 아이들이 사고를 재미있게 확장시키면서 직업에 대한 정보를 얻을 수 있는 좋은 방법이다.

2. 직업 체험하기

직업은 직접 체험할 수도 있지만 간접적으로 체험하는 방법도 있다. 내가 관심 있는 몇 가지 직업을 정해 구체적으로 알아보자.

• 어떤 직업에 대해 알아보았나요?	• 이 직업을 갖기 위해서는 어떤 공부를 해야 할까요?
• 어떤 사람들이 그 직업에서 성공할 수 있을까요?	• 이 직업을 가진 사람들은 언제 가장 보람을 느낄까요?
• 내가 만약 이 직업에 적합한 사람을 뽑는다면 어떤 사람을 뽑을까요?	• 평균 얼마 정도의 월급을 받을까요?
• 이 직업에 맞지 않는 사람들은 어떤 사람들일까요?	• 여자와 남자 중 누가 이 일에 더 유리할까요?
• 이 직업을 가진 사람들은 휴일에 무엇을 하면서 시간을 보낼까요?	• 이 직업은 언제쯤 사라질까요?

3. '가족의 직업 가계도' 그리기

조사결과에 따르면 직업은 가족의 영향을 많이 받는다고 한다. 유전적으로, 환경적으로 일치도가 높은 내 가족들의 직업 가계도를 그려보자. 그 속에서 내 진로를 탐색하는 데 많은 도움을 받게 될 것이다.

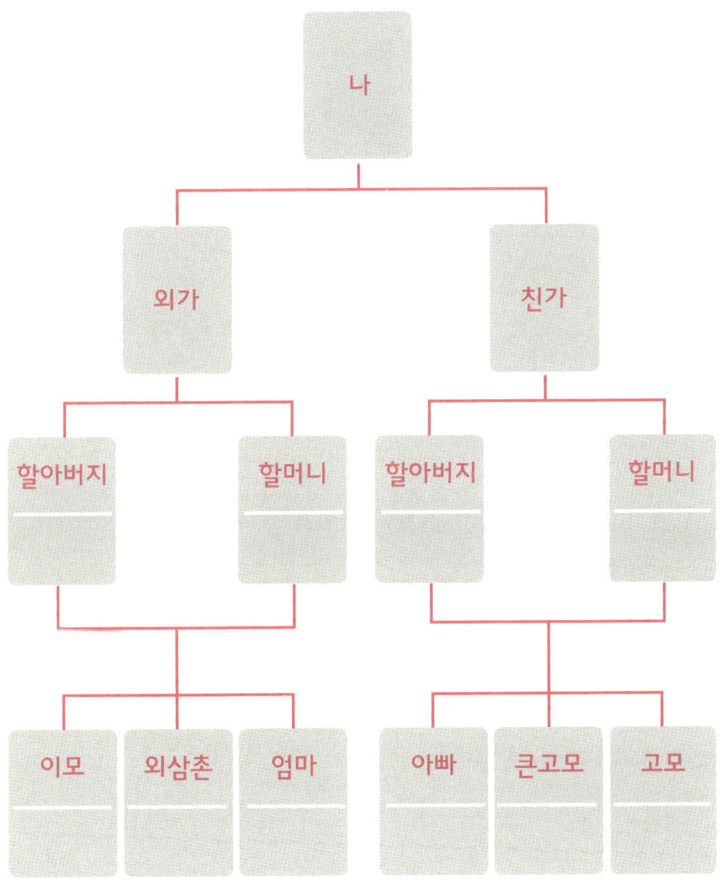

내가 가장 관심 있는 직업을 가진 가족은 누구인가?

세 사람을 골라 인터뷰해보자.

이름 :

나이 :

일하는 곳 :

하는 일 :

가장 보람 있을 때 :

가장 힘들 때 :

이름 :

나이 :

일하는 곳 :

하는 일 :

가장 보람 있을 때 :

가장 힘들 때 :

이름 :

나이 :

일하는 곳 :

하는 일 :

가장 보람 있을 때 :

가장 힘들 때 :

216

3단계 JUST DO IT!

1. 학과 탐색하기

우리나라의 학과는 1만 개가 넘는다고 한다. 따라서 내가 배우고 싶은 학문의 특성이나 필요한 적성을 미리 알아두면 큰 도움이 된다. 내가 들어가고 싶은 학과에서 무엇을 배우는지, 졸업 후에는 어떤 직업을 가질 수 있는지, 그 학과에 들어가기 위해 필요한 조건은 무엇인지 조목조목 알아보는 시간을 가져보자.

내가 알고 싶은 학과는 ( )과입니다.	
학과 소개 내용 (학교 홈페이지 찾아보기)	
연관된 학과 찾기	
배우는 과목	
고등학교 관련 교과목	
졸업 후 진로	
필요한 적성	
지금 해야 할 일	

2. 멘토 찾기

위인들에게는 대개 곁에서 도움을 준 멘토가 있다. 우리에게도 가야 할 방향을 비춰주는 멘토가 필요하다. 먼저 내가 누구를 만나고 싶은지 생각해보고, 직접 멘토를 만나보자. 멘토는 책이나 영화 속에서도 찾아볼 수 있다.

나의 멘토는?	
그 사람을 나의 멘토로 삼은 이유	
멘토에게 궁금한 점	
새롭게 발견한 점과 느낀 점	
진로와 진학 이야기	
멘토를 만나고 난 후 달라진 점	
멘토의 좌우명	
멘토가 읽은 책	

3. 나만의 로드맵 짜기

미래에 내가 어떤 모습일지를 구체적으로 상상하며 로드맵을 짜보고, 잘 보이는 곳에 붙여두자. 꿈은 생생하게 상상하면서 키워야 이루어지는 법이다.

다음 예를 참고해서 나만의 미래 로드맵을 짜보자.

나 이	계 획
12세(초5)	전교 부회장 당선 – '녹색학교' 만들기에 앞장서다
14세(중1)	교내 독서왕으로 선발 – '1년에 책 50권 읽기'에 도전하다
16세(중3)	나의 롤모델과 인터뷰하기
17세(고1)	직업체험, 봉사활동 1년 – 모범학생으로 발탁되다
19세(고3)	수시전형으로 중앙대학교 문예창작학과 입학
22세(대학생)	소설 부문 최연소 등단
30세(직장인)	MBC 라니오국 입사 – 라디오 작가로 승승장구하다
50세(중년)	40대 글쓰기 교실 강사, 마을 도서관 운영
70세(노년)	유치원 동화 읽기 프로그램 교사, 독서코칭센터 운영, 70대 책읽기 모임 운영자

나의 로드맵

나 이	계 획
12세(초5)	
14세(중1)	
16세(중3)	
17세(고1)	
19세(고3)	
22세(대학생)	
30세(직장인)	
50세(중년)	
70세(노년)